AF242191

ASSOCIATION NATIONALE FRANÇAISE

POUR LA

ROTECTION LÉGALE DES TRAVAILLEURS

# LE
# MINIMUM DE SALAIRE

DANS

## l'Industrie du Vêtement

LA LOI DU 10 JUILLET 1915

PAR

## Raoul JAY

*Professeur à la Faculté de Droit de l'Université de Paris*
*Membre du Conseil supérieur du Travail*

FÉLIX ALCAN
MARCEL RIVIÈRE
ÉDITEURS

NOUVELLE SÉRIE: N° 11

PRIX: 50 CENTIMES.

# COMITÉ DIRECTEUR DE L'ASSOCIATION

Paul CAUWÈS, doyen honoraire de la Faculté de Droit de l'Université de Paris, président honoraire de l'Association.

A. MILLERAND, député, ancien ministre, président.

Ed. BRIAT, secrétaire général de la Chambre consultative des Associations ouvrières de production, membre du Conseil supérieur du travail et de la Commission supérieure du travail dans l'industrie, vice-président.

A. LIFBAUT, ingénieur, membre du Comité consultatif des arts et manufactures et de la Commission supérieure du travail dans l'industrie, vice-président.

Raoul JAY, professeur à la Faculté de Droit de l'Université de Paris, membre du Conseil supérieur du travail, secrétaire général.

Léon de SEILHAC, publiciste, délégué permanent du service industriel et ouvrier du *Musée social*, trésorier.

Georges ALFASSA, ingénieur civil, E. C. P.

Louis BARTHOU, député, ancien président du Conseil des Ministres.

Adéodat BOISSARD, professeur à la Faculté libre de Droit de Paris.

François FAGNOT, enquêteur à l'*Office du travail*.

Arthur FONTAINE, directeur du Travail au Ministère du Travail et de la Prévoyance sociale.

Arthur GROUSSIER, député.

Auguste KEUFER, délégué permanent de la Fédération française des Travailleurs du Livre.

Abbé LEMIRE, député.

André LICHTENBERGER, directeur-adjoint du *Musée social*.

Henri LORIN, ancien élève de l'École Polytechnique.

Etienne MARTIN-SAINT-LÉON, bibliothécaire du *Musée social*.

Comte A. de MUN, député.

C. PERREAU, ancien député, professeur à la Faculté de Droit de l'Université de Paris.

Eug. PETIT, docteur en Droit, ancien chef du cabinet du ministre du Commerce.

Paul STRAUSS, sénateur, membre de l'Académie de médecine.

Paul PIC, professeur à la Faculté de Droit de l'Université de Lyon

Ivan STROHL, industriel.

Edouard VAILLANT, député.

SIÈGE SOCIAL : 5, rue Las-Cases, PARIS, VII<sup>e</sup>

ASSOCIATION NATIONALE FRANÇAISE
POUR LA
PROTECTION LÉGALE DES TRAVAILLEURS

# LE
# MINIMUM DE SALAIRE

DANS

## l'Industrie du Vêtement

## LA LOI DU 10 JUILLET 1915

PAR

## Raoul JAY

*Professeur à la Faculté de Droit de l'Université de Paris*
*Membre du Conseil supérieur du Travail*

PARIS

LIBRAIRIE FÉLIX ALCAN | MARCEL RIVIÈRE et Cie
MAISONS FÉLIX ALCAN & GUILLAUMIN réunies | LIBRAIRIE des SCIENCES POLITIQUES & SOCIALES
108, BOULEVARD SAINT-GERMAIN, 108 | 31, RUE JACOB, 31

1918

# Publications de l'Association Nationale Française pour la Protection Légale des Travailleurs

## A CONSULTER

**La Ligue sociale d'acheteurs.** — Rapport de M^me JEAN BRUNHES, 1903. — Une brochure, 36 pages in-16 (*Première série*, n° 4). — 0 fr. 60.

**La réglementation du travail en chambre,** par M. F. FAGNOT, enquêteur a l'Office du Travail, 1904. — Une brochure, 60 p., in-16 (*Première série*, n° 7). — 0 fr. 60.

**Le minimum de salai.e dans l'industrie à domicile,** par MM. B. RAYNAUD, professeur à la Faculté de droit de l'Université d'Aix-en-Provence; le comte A. DE MUN, député; l'abbe MÉNY, Docteur en droit, 1912. — Un volume, 316 p., in-16 (*Septième série*, n° 1). — 2 fr. 50.

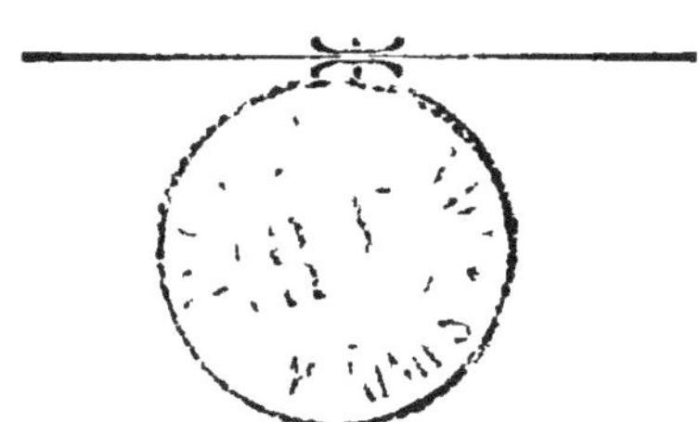

**Félix ALCAN et Marcel RIVIÈRE, éditeurs.**

# LE MINIMUM DE SALAIRE

## dans l'industrie du vêtement

## LA LOI DU 10 JUILLET 1915

## INTRODUCTION

### Origines et caractère de la législation nouvelle

Le 10 juillet 1915 a vu promulguer une loi qui introduit au Chapitre I<sup>er</sup> du Titre III du Livre I<sup>er</sup> du Code du travail, *De la Détermination du salaire*, une Section I, intitulée *Du Salaire des ouvrières exécutant à domicile des travaux rentrant dans l'industrie du vêtement*. Cette section qui comprend les articles 33, 33 *a*, 33 *b*, 33 *c*, 33 *d*, 33 *e*, 33 *f*, 33 *g*, 33 *h*, 33 *i*, 33 *j*, 33 *k*, 33 *l*, 33 *m*, 33 *n*, institue pour les ouvrières à domicile de l'industrie du vêtement un salaire minimum légalement obligatoire (1).

Nous croyons que le 10 juillet 1915 restera une date de notre histoire sociale. Non pas qu'à notre avis du moins, il y ait, soit au point de vue des principes, soit au point de vue des conséquences économiques, de différence essentielle entre l'intervention légale qui vise à maintenir un certain taux de salaire et celle qui se contente de réglementer les conditions de travail dans les ateliers, limite, par exemple, la durée de la journée de travail ou interdit le travail des enfants. Mais, en fait, l'idée d'un mini-

---

(1) On trouvera le texte de la loi reproduit aux Annexes.

mum de salaire apparaissait à beaucoup comme une idée
à reléguer pour longtemps, sinon pour toujours, dans le
domaine des chimères. M. de Mun dont on sait le rôle
prépondérant dans la campagne qui vient d'aboutir, disait, en 1911, que l'idée du minimum de salaire faisait
encore, peu d'années auparavant, « bondir presque tout
le monde » (1).

Si, cependant, l'idée a pris corps, c'est que pouvoirs et
opinion publics se sont trouvés en présence de misères
extrêmes que l'on ne pouvait espérer soulager efficacement qu'en s'attaquant directement à la cause du mal,
c'est-à-dire à l'insuffisance du salaire.

Comme l'avaient fait, au commencement du XIX<sup>e</sup> siècle,
les premières réglementations modernes du travail, la
législation nouvelle est née d'une explosion de pitié.

C'était, il y a cent ans, le spectacle des tortures (2) infli-
gées aux enfants dans les manufactures qui obligeait le
législateur à renoncer au principe de non-intervention.
Pourquoi, aujourd'hui, le législateur se décide-t-il à recourir à une méthode longtemps déclarée inacceptable, sinon
parce qu'il lui a paru qu'il était impossible de tarder davantage à venir au secours des lamentables victimes du
*sweating system* ?

Il est encore, à l'heure actuelle, facile de trouver, dans
nos pays industriels, un grand nombre de femmes dont les

---

(1) Rapport présenté à l'Association française, pour la protection des travailleurs, le 7 décembre 1911. Publications de l'*Association française pour la protection légale des travailleurs*, 7<sup>e</sup> série, le *Minimum de salaire dans l'industrie a domicile*, p. 50. La
première proposition de M. de Mun est du 2 avril 1909.

(2) Après avoir signalé les conditions du travail dans les manufactures de laine et de coton, le docteur Villermé ajoutait :
« Ce n'est plus là un travail, une tâche, c'est une torture et on
l'inflige à des enfants de 6 à 8 ans... » (VILLERMÉ, *Tableau de
l'État physique et moral des ouvriers*, t. II, p. 91).

conditions de travail et de vie restent au-dessous de ce que requiert le plus élémentaire souci de l'humanité. Voilà le fait tragique que les enquêtes officielles et privées qui se sont multipliées ont fait apparaître dans une implacable clarté.

Déjà, y a vingt-cinq ans, le Comité de la Chambre des Lords chargé de rechercher ce qu'était le *sweating system*, résumait ainsi l'impression que lui avait laissée son enquête :

« Les maux que nous avons constatés peuvent difficilement être exagérés.

« Les gains de la classe inférieure des travailleurs sont tout juste suffisants pour soutenir leur existence.

« La durée de leur travail est telle que la vie de l'ouvrier n'est plus qu'une suite ininterrompue de travaux incessants souvent fort durs et poursuivis dans des conditions insalubres.

« Les conditions sanitaires dans lesquelles ce travail a lieu sont telles que, non seulement la santé des travailleurs en peut être compromise, mais même la santé publique, spécialement dans les métiers qui confectionnent les vêtements, car les maladies contagieuses sont répandues par la vente des vêtements faits dans les ateliers habités par des malades atteints de petite vérole ou d'autres maladies contagieuses » (1).

Des salaires exceptionnellement bas, tout à fait insuffisants (2), une durée de travail excessive, des locaux de

_______________

(1) *Final Report of the select Committee of the House of Lords on the Sweating System*, *1890*.

(2) Dans son rapport à la Chambre des députés, M. Aimé Berthod rappelle que l'abbé Mény, particulièrement compétent en ces questions, déclarait au 5ᵉ Congrès diocésain de Paris : « En somme, l'impression qui demeure c'est la généralisation des sa-

travail particulièrement insalubres, tels sont aussi les abus et les maux qu'on relève dans les études depuis quelques années publiées sur la situation des ouvrières· à domicile en France et notamment dans les enquêtes du Ministère du Travail sur la confection, la lingerie, les fleurs artificielles, les chaussures (1).

Il semble que la guerre ait eu, au moins dans certaines régions, pour premier résultat d'entraîner pour les ouvrières à domicile de nouvelles souffrances (2). Mais elle

---

laires de 0 fr. 90 à 1 fr. 25. C'est la règle pour presque tous les travaux à domicile. » Rapport présenté à la Chambre des députés, le 20 janvier 1913, p. 15.

(1) M^me Jean Brunhes et la Ligue sociale d'acheteurs dont elle fut la créatrice en France, ont été des premières à appeler l'attention sur les maux dont souffrent un si grand nombre de travailleurs à domicile. Voir notamment le rapport présenté par M^me Jean Brunhes, le 10 novembre 1903, sur la *Ligue sociale d'acheteurs*, à l'Association française pour la protection légale des travailleurs. A l'issue de cette séance le vœu suivant avait été adopté à l'unanimité : « L'Association nationale française pour la protection légale des travailleurs, d'accord avec la Ligue sociale d'acheteurs, émet le vœu qu'on se préoccupe et qu'on s'occupe le plus tôt possible de la réglementation du travail à domicile. »

Parmi les nombreuses études consacrées à cette question, mentionnons d'autre part :

BONNEVAY : *Les Ouvrières lyonnaises à domicile*, 1896.

COFELLE : *Le Sweating-System*, 1902.

MÉNY : *Le Travail à domicile*, 1910.

GEMAHLING : *Travailleurs au rabais. La Lutte syndicale contre les sous-concurrences ouvrières*, 1910.

BOYAVAL : *La Lutte contre le Sweating-System*, 1911.

RAYNAUD : *Vers le minimum de salaire*, 1913.

(2) M. Herriot, maire de Lyon, disait au Sénat, le 22 avril 1915 : « Ceux d'entre nous qui administrent des communes où il y a un grand nombre d'ouvrières travaillant à domicile savent qu'elles sont parmi les victimes les plus lamentables de la

n'a pas tardé à ouvrir bien des yeux, à éveiller bien des consciences et, par suite, on a vu des scandales, jusque-là restés presque inaperçus, soulever la plus heureuse indignation.

En même temps que le mal, son étendue, sa profondeur étaient ainsi révélés, la cause véritable de ce mal apparaissait chaque jour avec plus de netteté. Tout le monde ou à peu près en est arrivé à reconnaitre que l'insuffisance du salaire est ici le nœud — les Anglais ont dit *la racine* — de toute la question. C'est parce que le salaire est insuffisant, souvent lamentablement insuffisant, que l'ouvrière se loge dans les bouges que nous décrivent les enquêteurs et prolonge sa journée de travail. C'est encore parce que l'insuffisance du salaire est extrême que l'on voit parfois la femme abandonnée ou la veuve faire travailler ses enfants dès l'âge le plus tendre.

Il est, d'autre part, évident que les méthodes législatives employées pour protéger les ouvriers des ateliers se montreront nécessairement inefficaces dès qu'il s'agira de protéger les ouvrières à domicile. On peut, sans doute, étendre au travail à domicile la réglementation de la durée du travail, l'interdiction du travail de nuit, etc. Un trait de plume suffit. Mais, comment assurer le respect de pareilles prescriptions alors que l'atelier se confond avec la chambre même de l'ouvrière ? Pour y réussir, il faudrait installer dans cette chambre une inspectrice en permanence.

---

guerre. » Il n'est que juste d'ajouter que 'dans le rapport présenté à la Chambre des deputes, le 24 juin 1915, M. Durafour pouvait constater que les mesures prises par le Ministre du Travail, d'accord avec le Ministre de la Guerre, en ce qui concerne les marchés de l'Etat, « avaient deja déterminé le relèvement des salaires dans un nombre important d'espèces. » Rapport Durafour, p. 2, note.

Peut-être, au contraire, ne serait-il pas impossible de faire appliquer à la chambre de l'ouvrière à domicile les règles édictées en vue de garantir l'hygiène et la salubrité des ateliers. Mais ce serait grande cruauté. N'aboutirait-on pas à fermer à l'ouvrière la chambre étroite et malsaine, c'est-à-dire à l'empêcher de travailler, tant qu'elle ne gagnera pas assez pour se mieux loger ?

C'est seulement en relevant le taux du salaire que l'on peut espérer venir efficacement au secours des ouvrières à domicile. Mais ce relèvement du taux du salaire, il n'est permis de l'attendre — l'expérience l'a surabondamment démontré — ni des initiatives charitables et philanthropiques, ni de l'action patronale, ni d'une organisation des ouvrières à domicile que leur misère même a rendues, pour ainsi dire, inorganisables. Et, dès lors, le législateur était bien contraint de reconnaître qu'il se trouvait enfermé dans un dilemne, qu'il lui fallait, ou abandonner à leur détresse la grande majorité des victimes du *sweating system* ou inaugurer des méthodes de protection nouvelles, et tenter de garantir lui-même aux ouvrières un salaire qui leur permit de vivre.

Telle est la conviction qui a amené l'introduction du minimum de salaire dans la législation de plusieurs des colonies de l'Australasie et, plus récemment, dans la législation anglaise. M. Raynaud a pu dire de ces législations qu'elles étaient des législations *in extremis*. Il entendait par là qu'elles n'avaient été adoptées que comme des remèdes ultimes et suprêmes auxquels il n'était fait appel qu'après que tous les autres palliatifs et correctifs avaient été, sans succès, essayés (1).

_______

(1) Publications de l'*Association française pour la protection légale des Travailleurs*. *Le minimum de salaire dans l'industrie à domicile*, 1912 Rapport de M. Barthélemy RAYNAUD : La législation australasienne et anglaise relative aux Comités de salaires, p, 5.

C'est la même conviction qui vient de faire entrer au Code du travail les dispositions contenues en la loi du 10 juillet 1915.

Cette loi marque un premier pas dans la voie nécessaire. Le pas reste timide, incomplet. La loi nouvelle permet une expérience plus qu'elle n'instaure un régime général.

Et encore faut-il ajouter qu'en ne permettant pas à l'inspection du travail d'intervenir directement pour faire respecter le minimum de salaire, les rédacteurs de la loi ont rendu le succès de l'expérience beaucoup plus difficile.

Il faut cependant que l'expérience réussisse. « Il s'agit, comme le disait M. Jean Morel, au Sénat (1) de libérer d'une servitude insupportable toute une foule de pauvres femmes. »

Nous serions heureux si ces quelques pages, pouvaient, en quelque mesure, aider à un si désirable succès (2).

---

(1) Séance du 22 avril 1915.

(2) Travaux parlementaires de la loi du 10 juillet 1915 :

*Projet de loi* portant modification des Titres III et V du Livre Iᵉʳ du *Code du Travail et de la Prévoyance sociale.* (Salaire des ouvrières à domicile dans l'industrie du vêtement), présenté par les Ministres du Travail et de la Justice, le 7 novembre 1911. (Documents parlementaires, Chambre des Députés, session extraordinaire 1911, Annexe n° 1269. *Journal officiel*, page 37)

*Rapport* Berthod, déposé le 20 janvier 1913 (Doc. parl., Ch. des Dép., sess. ord. 1913, Annexe n° 2172, *J. O.* p. 138).

Chambre des Députés, 2ᵉ séance du 13 novembre 1913, déclaration de l'urgence, adoption.

*Rapport* Jean Morel, déposé le 30 mars 1914, (Doc. parl., Sénat sess. ord 1914, Annexe n° 207, *J. O* , p. 570).

Sénat, séances des 22 avril et 20 mai 1915. Adoption.

*Rapport* Durafour, déposé le 24 juin 1915 (Doc. parl., Ch. des Dép., sess. ord. 1915, Annexe n° 1037, *J. O.*, p. 669).

Chambre des Députés, séance du 9 juillet 1915, adoption sans discussion.

## I

## Domaine d'application de la législation nouvelle

Le domaine d'application de la loi nouvelle est fort étroitement délimité.

Tout d'abord la loi ne protège que les *ouvrières à domicile* (1). Echappent à son domaine tous les travailleurs en atelier, et aussi, en principe, tous les travailleurs du sexe masculin alors même qu'ils travaillent à domicile.

Cependant, d'après l'article 33 *m* (premier paragraphe): « Dans le cas où des ouvriers appartenant aux industries visées à l'article 33 et exécutant à domicile les mêmes travaux que les ouvrières recevraient un salaire inférieur au minimum établi pour celles-ci, le relèvement de ce salaire jusqu'à concurrence dudit minimum pourra

_____

(1) La loi n'a pas donné de définition du travail à domicile. L'importante circulaire adressée, le 24 juillet 1915, par le Ministre du Travail et de la prévoyance sociale à MM. les Préfets et à MM. les Inspecteurs divisionnaires du travail (*Journal officiel* du 25 juillet 1915), indique « quelques caractéristiques de l'industrie à domicile salariée. »

« Le travail est fait sur commande, soit d'un établissement industriel ou commercial, soit d'un intermédiaire. Il est exécuté dans un local servant à l'habitation ou en dépendant, par un ouvrier façonnier travaillant seul ou avec des membres de sa famille ou même avec quelques autres ouvriers. Les matières premières sont, le plus souvent, fournies par les établissements ou les intermédiaires à l'exception des fournitures accessoires achetées par l'ouvrier.

« Les ouvriers à domicile ainsi définis se différencient des petits artisans qui travaillent également à domicile, mais directement pour la clientèle et sont, en réalité, de petits patrons. » V. aux annexes n° II le texte de la circulaire du 24 juillet 1915, p. 47.

être demandé devant les conseils de prud'hommes ou en justice de paix dans les mêmes conditions que pour les ouvrières elles-mêmes. » Cette disposition n'a d'ailleurs nullement, — M. Berthod, le rapporteur du projet de loi devant la Chambre des députés, l'a expressément déclaré, — été écrite pour protéger les ouvriers comme les ouvrières, mais pour garantir ces ouvrières contre une des conséquences possibles de la protection qui leur était accordée. Beaucoup d'entre elles avaient exprimé la crainte de voir le travail leur échapper si les hommes pouvaient faire ce travail à un tarif inférieur (1).

Comme le remarque la circulaire du 24 juillet 1915, « aucune distinction de nationalité n'a été faite par la loi, qui protège également les ouvrières et ouvriers travaillant en France à domicile, qu'ils soient français ou étrangers. »

La détermination des branches industrielles soumises aux règles nouvelles n'a pas été faite de manière moins étroite que celle des personnes protégées.

Les articles 33 et suivants du livre I<sup>er</sup> du Code du travail ne visent qu'une seule industrie, *l'industrie du vêtement* (2).

« Les dispositions de la présente section dit l'article 33, sont applicables à toutes les ouvrières exécutant à domicile *des travaux de vêtements, chapeaux, chaussures, lingerie en tous genres, broderie, dentelles, plumes, fleurs artificielles et tous autres travaux rentrant dans l'industrie du vêtement.* »

_______________

(1) Rapport Berthod, p. 38.
(2) D'après l'exposé des motifs du projet de loi déposé par le Gouvernement à la Chambre des députés, le 7 novembre 1911, le nombre des ouvrières travaillant à domicile dans l'industrie du vêtement s'élèverait à 850,000. (V. le rapport présenté par M. Jean Morel, au Sénat, le 30 mars 1914, p. 1).

On le voit, l'énumération contenue au texte n'a pas un caractère limitatif. Suivant la formule de M. Durafour, l'article 33 « embrasse expressément toutes les professions qui rentrent directement, telle la ganterie, dans l'industrie du vêtement » (1). Pour la ganterie, l'assujettiss·ment avait déjà été formellement reconnu à la Chambre, lors de la séance du 13 novembre 1913 (2).

D'après le texte d'abord apporté à la Chambre des Députés, une loi nouvelle eut été indispensable pour étendre l'institution du minimum de salaire à d'autres industries que celle du vêtement.

Le Parlement a, en définitive, voulu qu'il fut possible d'accorder à d'autres ouvrières souffrant des mêmes abus que les ouvrières du vêtement, la protection tout d'abord réservée à celle-ci, sans passer de nouveau par toutes les étapes de la procédure parlementaire. Par suite de l'adoption d'un amendement de M. Chassaing, l'article 33 $m$ contient aujourd'hui un second paragraphe ainsi conçu : « Les dispositions des articles 33 $a$, $b$, $c$, $d$, $e$, $f$, $g$, $h$, $i$, $j$, $k$, $l$, $m$, pourront, après avis du Conseil supérieur du Travail, et en vertu d'un règlement d'administration publique, être rendues applicables à des ouvrières à domicile appartenant à d'autres industries non visées à l'article 33. » (3).

---

(1) Rapport Durafour, p 3,

(2) Le 13 novembre 1913, M. Mistral proposait à la Chambre des Députés d'ajouter, à l'article 33, après les mots : fleurs artificielles, le mot : ganterie, L'amendement fut retiré sur l'observation du rapporteur qui déclarait : « Cette précision est inutile. Il résulte, du texte même de cet article, que les gants, contrairement à ce que je disais pour les chapelets, font partie de l'industrie du vêtement. » *Journal officiel* du 14 novembre 1913. p. 3.3*6, col. 3.

(3) Dès à présent, les ouvrières en chapelets, les tisseurs et passementiers de la Loire ont été signalés à la Chambre des Députés comme ayant des titres pressants à l'intervention du Gouvernement.

## II

## Détermination du salaire minimum

### A. — Organismes chargés de la détermination du salaire minimum.

A quelles autorités convenait-il de confier la détermination du salaire minimum? La question était délicate. Elle a donné lieu à de longues controverses.

Les textes qui viennent d'être promulgués font, en premier lieu, appel aux *Conseils du travail* (articles 33 *e* et 33 *g*).

L'organisation et la compétence des Conseils du travail ou Conseils consultatifs du travail sont réglés par la loi du 17 juillet 1908 et le décret du 19 mai 1909. Le Conseil du travail réunit, en principe, les représentants d'une seule profession. Le Conseil est divisé en deux sections, comprenant, l'une les patrons et l'autre les ouvriers; ces sections peuvent délibérer séparément ou en commun. Sont respectivement électeurs pour chacune d'elles, les patrons et les ouvriers remplissant certaines conditions.

Nous n'avons malheureusement pas, pour le moment, besoin d'en dire davantage des Conseils du travail. Il n'est pas impossible que ces conseils ne constituent un jour les rouages essentiels du mécanisme chargé d'assurer l'application du minimum de salaire. Mais l'institution ne s'est pas jusqu'à présent acclimatée en France. Aucun Conseil n'a été créé pour les professions visées par la loi nouvelle. Ceux qui ont été établis dans d'autres professions ne fonctionnent pas. Compter uniquement sur eux eut été s'exposer à de trop certaines déceptions.

Aussi, la loi du 10 juillet 1915 décide-t-elle qu'à *défaut de Conseils du travail,* la mission de déterminer les salaires obligatoires appartient *aux Comités de salaires et aux Comités professionnels d'expertise* (articles 33 *f* et 33 *g*). On doit prévoir qu'en fait l'intervention de ces Comités de salaires et Comités professionnels d'expertise restera encore longtemps la règle.

*Comités de salaires* — Les Comités de salaires sont institués au chef-lieu du département.

« C'est aux préfets, déclare la circulaire du 24 juillet, qu'il appartient de provoquer leur création. » Le Comité de salaires est composé du juge de paix ou du plus ancien des juges de paix en fonctions au chef-lieu du département, président de droit, de deux à quatre ouvriers ou ouvrières et d'un nombre égal de patrons.

Les membres du Comité sont choisis par les présidents et vice-présidents de section des conseils de prud'hommes existant dans le département, c'est-à-dire par un collège électoral qui comprendra autant d'ouvriers que de patrons. On sait, en effet, que d'après la législation des conseils de prud'hommes le vice-président est choisi parmi les ouvriers quand le président est patron et réciproquement.

« Les candidats élus doivent, écrit le rédacteur de la circulaire du 24 juillet 1915, appartenir aux industries « visées par la présente loi », c'est-à-dire tant que n'aura pas joué le paragraphe 2 de l'article 33 *m*, aux industries du vêtement. C'est la seule condition d'éligibilité exigée. Il n'est pas indispensable que les patrons désignés donnent du travail à domicile ni que les ouvriers désignés rentrent dans la catégorie des ouvrières à domicile ; il suffit que les uns et les autres appartiennent aux industries précitées. Il est désirable toutefois que les choix se portent sur des personnes appartenant aux spécialités industrielles dont les travaux seront en cause. Il est désirable aussi, dans la mesure du possible, pour faciliter le fonctionnement et éviter des frais, que les choix se portent de préférence sur des personnes habitant la ville siège du Comité.» Les Comités de salaires seront, on le voit, en règle générale, une émanation directe des conseils de prudhommes, c'est-à-dire d'une juridiction consacrée par l'expérience de plus d'un siècle. Mais il n'y a pas encore de conseils de prud'hommes dans tous les départements.

A défaut de conseils de prud'hommes ou si les présidents et vice-présidents de section n'ont pu se mettre d'accord sur le choix des membres du Comité ces membres seront nommés par le président du Tribunal civil. D'après la circulaire du 24 juillet 1915, « il y a lieu d'admettre que l'accord est réalisé pour les candidats ayant réuni la majorité des voix des prud'hommes patrons et celle des prud'hommes ouvriers. »

La même circulaire remarque que « la loi n'a pas fixé expressément la durée du mandat des membres du Comité. » « Mais, ajoute le rédacteur de cette circulaire, les révisions des minima de salaire devant avoir lieu, aux termes de l'article 33 e, tous les trois ans au moins, il est normal de le renouveler tous les trois ans. Cette durée est d'ailleurs celle qu'a fixée la loi pour le mandat du conseiller à la Cour de cassation chargé de présider la Commission centrale statuant en dernier ressort (art. 33 f). Il va sans dire que rien ne s'oppose à ce que le mandat des membres des Comités départementaux soit renouvelé à l'expiration de chaque période triennale. »

*Comités professionnels d'expertise.* — Le Comité professionnel d'expertise comprend deux ouvrières et deux patrons (hommes ou femmes) appartenant aux industries du vêtement et exerçant leur profession dans le département.

Les membres des Comités professionnels d'expertise

sont, comme les membres des Comités de salaire choisis par les présidents et vice-présidents de section des
conseils de prud'hommes fonctionnant dans le département. S'il n'existe pas de conseil de prud'hommes dans
le département, ils sont désignés par le Préfet. Les Comités professionnels d'expertise sont présidés par le juge
de paix du canton où siège le Comité.

« Il appartient aux Préfets, déclare la circulaire du
24 juillet 1915, de décider dans quels centres et pour
quelles professions devront être créés de tels Comités, et
de déterminer la région à laquelle leur compétence s'étendra. Ils devront consulter les personnes qualifiées pour
représenter les professions, les groupes professionnels
intéressés ; ils prendront aussi l'avis du Comité de salaires et de l'inspecteur du travail. A raison de la mission
technique qui leur incombe ces Comités d'expertise
pourront être aussi nombreux qu'il y aura d'industries
du vêtement nettement distinctes exercées dans la
région. Il faut cependant se garder de les multiplier
sans nécessité. »

*Commission centrale.* — Une Commission centrale siégeant au ministère du Travail a pour mission de statuer
en dernier ressort sur les pourvois formés contre les décisions des Conseils du travail, Comités de salaires, Comités
professionnels d'expertise (1).

---

(1) La composition de cette Commission centrale siégeant au
ministère du Travail est réglée par l'article 33 *h*.

Elle comprend :

« Deux membres (un patron et un ouvrier), du Conseil du travail ou du Comité départemental qui a déterminé le salaire
minimum ; les deux représentants (patron et ouvrier) de la profession au Conseil supérieur du travail ;

« Deux prud'hommes (un patron et un ouvrier), élus pour trois
ans par l'ensemble des Conseils de prud'hommes ;

« Un enquêteur permanent de l'Office du travail désigné par

### B. — Procédure de la détermination du salaire minimum.

L'ouvrière à domicile est presque toujours, sinon toujours, payée au pièces. Mais, comme l'a fait remarquer le premier rapporteur à la Chambre des députés, M. Berthod, l'idée directrice du système adopté par la nouvelle législation est que *le salaire aux pièces doit être établi par comparaison avec un salaire au temps.* Pour fixer la somme minima que l'ouvrière peut réclamer, deux opérations seront normalement nécessaires. Une première opération déterminera le salaire minimum au temps. Ce salaire minimum au temps connu, il suffira de calculer le temps moyennement exigé pour la confection d'une pièce pour obtenir le salaire minimum exigible pour cette pièce.

Le soin de fixer le salaire minimum au temps est confié au Conseil du travail et, à son défaut, au Comité de salaires.

Les articles 33 *d* et 33 *e* posent les règles dont doivent, dans cette capitale et préalable opération, s'inspirer Conseils du travail ou Comités de salaires.

Il est incontestable que c'est le spectacle de tant de femmes ne réussissant pas à gagner de quoi vivre, ne recevant pas le *salaire vital* qui a provoqué le mouvement de « compassion et de justice » (1) dont est sortie la loi nouvelle.

le ministre du Travail et de la Prévoyance sociale et qui remplira les fonctions de secrétaire de la Commission avec voix délibérative ;

« Un membre de la Cour de cassation désigné par celle-ci pour trois ans, qui sera, de droit, président de la Commission centrale et dont la voix sera prépondérante en cas de partage égal des votes. »

V. Annexe III, les dispositions du règlement d'administration publique du 24 septembre 1915, relatives au fonctionnement de la commission centrale.

(1) Rapport Berthod, p. 10.

Malgré tout, le législateur n'a pas voulu parler de *salaire vital*. Il a cru dangereux de laisser aux Conseils du travail et Comités de salaires la pleine liberté de déterminer directement, d'après les besoins de l'ouvrière, le taux minimum de salaire. Il a jugé préférable d'appuyer la détermination de ce taux minimum « sur des données objectives susceptibles d'être *constatées* et s'imposant comme telles à l'autorité chargée d'interpréter et d'appliquer la loi » (1).

D'après les articles 33 *e* et 33 *f* Conseils ou Comités *constatent* le taux du salaire quotidien habituellement payé dans la région aux ouvrières de même profession et d'habileté moyenne *travaillant en atelier, a l'heure ou à la journée, et exécutant les divers travaux courants de la profession.* C'est en tenant compte des chiffres ainsi relevés que le minimum de salaire à l'heure sera, autant que possible, fixé.

Dans les régions où, pour la profession visée, le travail à domicile existe seul et où, par suite, la comparaison avec le travail en atelier ne serait pas possible, Conseils et Comités fixent le minimum d'après le salaire moyen des ouvrières en atelier exécutant des travaux analogues dans la région ou d'autres régions similaires, ou d'après le salaire habituellement payé à la journalière dans la région. Comme le rappelle la circulaire du 21 juillet 1915 : « aux termes du rapport de M. Jean Morel, la journalière prise ici comme type est l'ouvrière non spécialisée, allant en journée chez autrui pour des fins diverses; travaux de ménage, de couture, de ravaudage, de blanchissage, etc. »

M. Groussier donnait les raisons profondes des décisions que nous venons de préciser, lorsqu'il disait au Conseil supérieur du travail : « Lorsque le salaire est

---

(1) Rapport Berthod, p. 47.

fixé, non plus à la tâche, mais à la journée, il est un minimum qu'il est bien difficile de réduire encore. Qu'il s'agisse d'une femme à la journée, d'une ouvrière de l'aiguille qui travaille en journée, d'une ouvrière en atelier, il ne paraît pas possible qu'on lui offre un salaire journalier de dix à quinze sous, quelle que scit la profession ou la localité ; on peut proposer à une ouvrière à la journée un salaire bas, on ne peut pas lui en offrir un qui soit absolument dérisoire. Si donc on veut chercher une base de comparaison, il faut prendre le prix payé à la journée. » (1)

Parmi les documents qui pourront le mieux aider les Conseils et les Comités dans leur tâche délicate, la circulaire du 24 juillet signale, avec grande raison, en première ligne « les bordereaux annexés en vertu des décrets du 10 août 1899 aux marchés passés par l'Etat, les départements, les communes et les établissements publics de bienfaisance. Un très grand nombre de ces bordereaux ont été précisément établis dans ces derniers mois à l'occasion des fournitures de vêtements et de lingerie pour l'armée. Les inspecteurs du travail les connaissent et sont, à leur sujet, en rapport avec les intendants. Les Comités y trouveront une documentation abondante et actuelle qui facilitera grandement leurs travaux. »

Le salaire minimum au temps ainsi *cristallisé* suivant la formule de M. Jean Morel, la mission du Comité de salaires est rempli. Les chiffres sortis de ses délibérations devront être immédiatement rendus publics, ils serviront, pour ainsi dire, d'étalons, pour le calcul du salaire aux pièces que l'ouvrière devra recevoir. On lit à l'article 33 *d* :

---

(1) Conseil supérieur du travail, vingtième session, novembre 1910, *Compte rendu*, p. 92.

« Les prix de façon applicables au travail à domicile doivent être tels qu'ils permettent à une ouvrière d'habileté moyenne de gagner en dix heures un salaire égal au minimum déterminé par les Conseils du travail ou à leur défaut, par les Comités de salaires...»

Les prix de façon arrêtés par l'entrepreneur sont-ils tels qu'ils permettent à une ouvrière d'habileté moyenne de gagner en dix heures le salaire minimum de base fixé au temps? C'est là une question que le tribunal (conseil de prud'hommes ou juge de paix) saisi de la réclamation de l'ouvrière ou de l'action pour inobservation de la loi intentée par un syndicat ou une association autorisée sera parfois obligé de trancher lui-même et par ses propres moyens.

Les auteurs de la loi du 10 juillet 1915 ont cependant voulu que, le plus souvent possible, le tribunal n'eût pour trancher la question qu'à se reporter à un tarif officiel dressé d'avance. Dans ce but, ils ont fait un nouvel appel aux Conseils du travail et, à leur défaut, prévu l'intervention des comités professionnels d'expertise.

Les Conseils du travail ou à leur défaut, les comités professionnels d'expertise peuvent, en effet, dresser d'office, ou dressent sur la demande du Gouvernement, des conseils de prud'hommes ou des unions professionnelles, avec toute la précision possible, le tableau par heure, du temps nécessaire à l'exécution des travaux en série pour les divers articles et les diverses categories d'ouvrières dans les professions et les régions où s'étendent leurs attributions. Toutes les fois que l'espèce soumise au tribunal aura été visée par un pareil « tarif horaire, » il n'y aura plus qu'une multiplication a faire pour obtenir le chiffre précis du salaire aux pièces que l'ouvrière doit recevoir. Comme le dit l'article 33 *g* paragraphe 6 : « le minimum de salaire applicable aux articles fabriqués en série résultera du prix minimum du salaire à l'heure fixé par les Comités de salaires multiplié par le nombre d'heures nécessaires à l'exécution du travail afférent à ces articles. »

D'après la circulaire du 24 juillet 1915, « les tarifs doivent comprendre, pour chaque article, trois éléments : salaire horaire, temps nécessaire, prix de façon net résultant des deux premiers. » Ainsi, et ce sera un grand avantage pour tout le monde, le patron connaîtra d'avance avec une exactitude mathématique ce qu'il doit payer, l'ouvrière ce qu'elle a le droit de réclamer, ce qu'elle obtiendra sûrement si elle le réclame.

Même lorsqu'il n'y aura pas eu de tarif préalablement dressé par les Conseils du travail ou les Comités professionnels d'expertise, les juridictions compétentes (conseil de prud'hommes et juge de paix) pourront encore faire appel aux concours des Comités professionnels d'expertise.

« Les juridictions compétentes, dit l'article 33 $g$ paragraphe 7, ont la faculté de consulter les comités professionnels d'expertise pour l'évaluation du temps nécessaire à l'exécution des travaux à la pièce non compris dans les tableaux des travaux en série.

« Les indications fournies dans ces conditions servent de base aux jugements des conseils de prud'hommes et des juges de paix dans les différends soulevés devant eux à l'occasion du travail relatif aux articles exécutés à la pièce. »

Comme les chiffres des salaires de base au temps fixés par le Conseil du travail ou le Comité de salaires, « tous salaires constatés ou établis par les Conseils du travail et par les Comités spéciaux en vertu des articles 33 $e$, 33 $f$ et 33 $g$ sont publiés par les soins du préfet et sont insérés notamment au recueil des actes administratifs du département. » (Art. 33 $h$, § 1) Le règlement d'administration publique du 24 septembre 1915 (1) détermine les conditions de cette publicité (2).

Cette publicité ne suffit pas d'ailleurs à rendre les minima immédiatement obligatoires. Les auteurs de la loi du 10 juillet 1915 ont, au-dessus des Conseils et Comités, placé une juridiction d'appel.

Nous avons voulu, déclarait M. Berthod (3) que le minimum « ne fut pas définitif sans qu'un recours fut laissé aux intéressés contre une décision qu'ils jugeraient inacceptable. Nous avons voulu surtout qu'entre les décisions des divers Conseils du travail ou des divers conseils de prud'hommes (nous savons que dans le texte définitif les conseils de prud'hommes sont remplacés par les Comités de salaires et les Comités professionnels d'expertise), un organe central vint assurer une certaine uniformité. Uniformité toute relative, sans doute. Il ne peut s'agir d'établir dans toute la France le même minimum de salaire. Bien loin de là, Conseils du travail ou prud'hommes auront à tenir compte par dessus tout de la situation de l'industrie et de la cherté de l'existence dans la région pour laquelle ils auront à se prononcer. Il serait souverainement injuste cependant, et redoutable

_______________

(1) Voir le texte, Annexe III.

(2) Il faut ajouter que, d'après l'article 33 *l* « le conseil de prud'hommes ou le juge de paix, a l'occasion de tout différend portant sur la rémunération d'une ouvrière effectuant à domicile quelques-uns des travaux visés à l'article 33, rend publics par affichage à la porte du prétoire, le chiffre du minimum de salaire qui a servi de base à sa décision et le tarif d'espèce résultant du jugement.

« Tout intéressé et tout groupement visé à l'article 33 *k* sont autorisés à prendre copie sans frais, au secrétariat du conseil de prud'hommes ou au greffe de la justice de paix, des chiffres de ces salaires et à les publier. »

(3) Rapport p. 68.

pour la prospérité de nos industries, que des divergences excessives d'appréciation viennent favoriser les industriels de telle région au détriment de ceux d'une autre région. »

Dans un délai de trois mois, à partir de la publication d'un minimum de salaire arrêté par le Conseil du travail ou par un Comité de salaire ou d'un tarif établi par le Conseil du travail ou un Comité professionnel d'expertise, une protestation peut être élevée contre leur décision, soit par le Gouvernement, soit par toute association ou toute personne intéressée dans la profession. Il est, dans ce cas, statué, en dernier ressort, par la Commission centrale siégeant au ministère du Travail.

Ce n'est qu'après l'expiration du délai de trois mois ou après la décision de la Commission centrale, que le minimum devient obligatoire, dans le ressort du Conseil du travail ou du Comité qui l'a établi.

Comme le précise la circulaire du 24 juillet 1915 « les salaires et tarifs résultant des décisions de la Commission centrale devront recevoir la même publicité que ceux qui sont constatés ou établis par les Comités de salaires ou d'expertise. »

## III

### Formalités imposées aux entrepreneurs

Les articles 33 *a*, 33 *b*, 33 *c* imposent certaines obligations de forme aux entrepreneurs et sous-entrepreneurs. Ces articles ont pour but d'assurer la publicité des salaires payés par ces entrepreneurs ou sous-entrepreneurs. On peut espérer que leur application facilitera le contrôle. Peut-être même empêchera-t-elle, à elle seule, certains abus. M. Berthod n'en doute pas. « Il apparaît, en effet, écrit-il que la seule publicité des salaires doit mettre un frein à l'exploitation honteuse à laquelle peuvent se livrer exceptionnellement ces « forbans » dont les pratiques provoquaient l'indignation des membres patrons du Conseil supérieur du travail. Il est des choses qu'on n'avoue pas. Cette seule publicité encore atténuera les effets désastreux de cette sous-concurrence ouvrière dont nous avons parlé ci-dessus. Les enquêteurs n'ont ils pas remarqué que chez certains entrepreneurs, on interdit aux ouvrières de causer entre elles au moment où elles viennent chercher ou rendre le travail, tant on craint qu'elles puissent se communiquer le taux des salaires qu'elles touchent et se concerter pour en provoquer le relèvement. Enfin la publicité des salaires offre encore un premier remède à l'exploitation possible de l'ouvrière par le sous entrepreneur, l'ouvrière pouvant se rendre compte exactement du prélèvement exercé par celui-ci » (1).

Voici quelles sont les règles posées par les articles 33 *a*, 33 *b*, 33 *c* :

---

(1) Rapport Berthod, p. 40.

Tout fabricant commissionnaire ou intermédiaire faisant exécuter à domicile les travaux visés par la loi doit en informer l'inspecteur du travail et tenir un registre indiquant le nom et l'adresse de chacune des ouvrières occupées par lui à domicile.

Tout entrepreneur de travaux à domicile doit également tenir en permanence affiché dans les locaux d'attente ainsi que dans ceux où s'effectuent la remise des matières premières aux ouvrières et la réception des marchandises après exécution, les prix de façon fixés pour les articles faits en série (1).

Enfin, au moment où une ouvrière reçoit du travail à exécuter à domicile, il doit lui être remis un bulletin à souche ou carnet indiquant la nature, la quantité du travail, la date à laquelle il est donné, les prix de façon applicables à ce travail ainsi que la nature et la valeur des fournitures imposées à l'ouvrière. Les prix nets de façon ne peuvent être inférieurs, pour les mêmes articles, aux prix affichés par l'entrepreneur.

Lors de la remise du travail achevé, une mention doit être portée au bulletin ou carnet indiquant la date de la livraison, le montant de la rémunération acquise par l'ouvrière et des divers frais accessoires laissés à sa charge par le fabricant, commissionnaire ou intermédiaire, ainsi que la somme nette payée ou à payer à l'ouvrière après déduction de ces frais.

Les mentions portées au bulletin ou carnet doivent être exactement reportées sur la souche du bulletin ou

---

(1) D'après le second paragraphe de l'article 33 *b* « cette disposition ne s'applique pas au domicile privé des ouvrières lorsque la remise de ces matières et la réception des marchandises y sont directement effectuées par les soins des fabricants, des commissionnaires ou des intermédiaires. » M. Durafour a justement montré les dangers qu'offre l'exception ainsi admise. V. Rapport Durafour, p. 9.

sur un registre d'ordre, les souches et registres doivent
être conservés pendant un an au moins par le fabricant,
commissionnaire ou intermédiaire, et tenus par lui constamment à la disposition de l'inspecteur.

La circulaire du 24 juillet 1915 a montré que si l'on
rapproche de ces prescriptions celles étudiées au chapitre
précédent de la détermination du salaire minimum on
constate que « la loi prévoit trois sortes de salaires
minima ou tarifs qu'il est utile de bien distinguer... :

« 1° Un minimum de salaire *au temps* qui est determiné par le Conseil du travail ou le Comité départemental des salaires ;

« 2° Un minimum de salaire *à la pièce*, applicable
aux articles fabriqués en série, établi par le Conseil du
travail ou les Comités professionnels d'expertise ;

« 3° Des prix de façon fixés par l'entrepreneur et qui
doivent être inscrits par lui sur les bulletins ou carnets
remis aux ouvrières et affichés par ses soins dans certains cas.

« Tous ces salaires ou tarifs s'entendent nets de toutes
fournitures. Cela est évident, par définition, pour le minimum au temps (art. 33 *e*), cela est également vrai
pour le salaire ou tarif à la pièce établi par le Comité
d'expertise puisqu'il doit permettre, par définition, de
gagner le minimum horaire net dans le temps nécessaire
à fabriquer la pièce (art. 33 *g*).

« Enfin il en est de même des prix de façon fixés par
l'entrepreneur et affichés par lui (art. 33 *b*) ou inscrits
sur les carnets. Cela résulte, sans doute possible, de la
dernière phrase du premier alinéa de l'article 33 *c*. « Les
prix nets de façon ne peuvent être inférieurs, pour les
mêmes articles, aux prix affichés en vertu de l'article précédent. »

## IV

## Contrôle, sanctions et actions

A. — SANCTIONS PÉNALES ET INSPECTION DU TRAVAIL.

Nous touchons ici à la partie la plus critiquable, à notre avis, de la loi nouvelle. Il nous paraît, en effet, fort regrettable qu'il n'ait pas été fait par les dispositions de cette loi une place plus large aux sanctions pénales et à l'inspection du travail. Comme le disait M. Aftalion devant l'Association française pour la protection légale des travailleurs (1), « une expérience maintenant séculaire confirmée par l'histoire des législations ouvrières de tous les pays nous apprend qu'en matière de protection des travailleurs, les meilleures lois demeurent lettre-morte si elles ne prévoient pas des pénalités contre ceux qui contreviennent aux règles qu'elles édictent et un contrôle par des fonctionnaires spéciaux. »

Les sanctions pénales et le contrôle de l'inspection du travail ne sont pas absents de la loi du 10 juillet 1915. Depuis la promulgation de cette loi, l'article 99 *a* du livre Ier du Code du travail édicte des sanctions pénales contre les employeurs qui ne rempliraient pas loyalement les obligations de forme qui leur sont imposées par les articles 33 *a*, 33 *b*, 33 *c* du même Code. Le dernier § de l'article 33 *c* décide que : « toutes mentions inexactes portées sur les bulletins, souches, carnets et registres visés au présent article sont passibles des peines prévues à l'article 99 *a*. » Les inspecteurs du tra-

---

(1) Publications de l'Association nationale française pour la protection légale des travailleurs, 7e série, 1912. *Le minimum de salaire dans l'industrie a domicile*, p, 229.

vail sont chargés d'assurer l'application de ces articles 33 *a*, 33 *b*, 33 *c*, comme de l'article 99 *a*.

« Ils disposent, à cet effet, écrit le rédacteur de la circulaire du 24 juillet 1915, de moyens de contrôle et de pouvoirs qu'ils tiennent tant de la loi nouvelle que des articles 105 à 107 du livre II du Code du travail réglant leurs pouvoirs généraux. Ils ont entrée dans les locaux des entrepreneurs de travaux à domicile où attendent les ouvrières et dans ceux où s'effectuent la remise des matières premières et la réception des marchandises après exécution; ils peuvent se faire représenter les souches des bulletins et les registres d'ordre sur lesquels doivent être exactement reportées les mentions portées sur les bulletins ou carnets remis aux ouvrières; enfin, les procès-verbaux qu'ils dressent pour constater les infractions aux articles 33 *a*, 33 *b* et 33 *c*, font foi jusqu'à preuve contraire. » On trouvera dans la circulaire du 24 juillet 1915 (1) d'intéressants détails sur la façon dont ce contrôle des inspecteurs du travail devra s'exercer.

Mais, comme l'indique la même circulaire « la mission stricte des inspecteurs du travail est terminée quand ils ont contrôlé l'observation des prescriptions des articles 33 *a* à 33 *c* par les entrepreneurs de travaux à domicile. Le texte légal ne les charge pas de vérifier si ces derniers respectent les minima fixés en vertu des articles 33 *d* et 33 *g*. » Dès qu'il ne s'agit plus d'obligations de forme, mais de ce qu'on peut considérer comme l'essentiel, du taux même du salaire légalement obligatoire et lors même qu'il y aurait récidive, délit d'habitude peut-être, l'entrepreneur en faute n'aura à redouter, ni la sanction pénale ni l'action directe et coercitive de l'inspection.

Il semble qu'il y ait là une fâcheuse lacune. « Peut-

_______________

(1) Voir aux annexes, page 39.

être écrivait M. Durafour, dans les conclusions de son rapport, regrettera-t-on que, sur certains points, l'œuvre ainsi élaborée demeure imparfaite et incomplète, que, par exemple le jeu des pénalités ne frappe pas seulement le manquement aux règles de formalités ou les infractions secondaires, mais, en outre, la violation de la loi par la fixation ou le paiement d'un salaire inférieur au minimum. Ce sera, nous le souhaitons, l'œuvre de demain (1). » Puisse ce vœu se réaliser, quand ce ne serait que pour garantir la protection de ceux qui respecteront la loi contre ceux qui ne la respecteraient pas.

Même ainsi désarmés, les inspecteurs du travail pourront officieusement et indirectement seulement, mais fort utilement parfois, servir à assurer le maintien du taux du salaire minimum. Le rédacteur de la circulaire du 24 juillet 1915, le montre bien : Ce serait, dit-il : « interpréter la loi d'une façon trop étroite que de limiter la fonction des inspecteurs du travail à leur rôle d'agents verbalisateurs. Par les diverses formalités dont il leur a confié le contrôle, le législateur leur a donné le moyen pratique de comparer les prix réellement payés avec les minima. Ils seront amenés par la force des choses à faire cette comparaison, et, en cas d'abus, à rappeler officieusement aux employeurs, qu'ils agissent incorrectement et s'exposent à des actions civiles. Aussi bien les enquêtes auxquelles ils ont procédé depuis le début de la guerre au sujet des salaires payés aux ouvrières à domicile par les entrepreneurs travaillant pour l'armée les ont préparés à cette mission. Les résultats importants obtenus par leur action sont le gage de ce qu'on peut attendre, à cet égard, de leur activité, de leur tact et de leur dévouement. »

_______

(1) Rapport Durafour, p. 12.

## B. — ACTIONS CIVILES

Quelques services indirects que puissent rendre les inspecteurs pour généraliser le respect du minimum légalement obligatoire, il n'en reste pas moins que, dans le système de la loi qui vient d'être promulguée, l'action civile est le seul moyen de porter en justice la question même du minimum de salaire.

Deux actions civiles sont possibles :

1° *L'action de l'ouvrière.* L'ouvrière insuffisamment payée, peut réclamer devant le conseil de prud'hommes, ou, à son défaut, devant le juge de paix, la différence entre le salaire payé et celui qui aurait du l'être, et aussi l'indemnité à laquelle l'employeur pourra être condamné à son bénéfice. (Art. 33 *i*, § 2.)

Ajoutons que « tout fabricant, commissionnaire ou intermédiaire est civilement responsable lorsque c'est de son fait que le minimum de salaire n'a pu être payé (1). »

M. Berthod a expliqué ainsi la portée de ce paragraphe : « Dans la plupart des industries que nous visons, il est fréquent que le travail ne soit pas remis directement par le patron à l'ouvrière. Que dis-je, il n'est pas facile dans bien des cas de dire où est le patron. Dans la broderie, par exemple, des intermédiaires prennent les commandes au grand magasin et s'en vont les distribuer dans des campagnes lointaines à des ouvrières que le grand magasin ne peut connaître. Et il serait, en sens inverse, injuste de rendre le distributeur d'ouvrage responsable de l'insuffisance d'un salaire qui tiendrait à la modicité

---

(1) Article 33 *i*, § 3. Ce texte a pour origine une proposition faite au Conseil supérieur du travail, par M. Arthur Fontaine, Directeur du travail, le 24 novembre 1910. *Conseil supérieur du travail*, XX⁰ session, *Compte rendu*, p. 144.

des prix qui lui ont été payés à lui-même par le grand magasin. Le texte que nous vous proposons, sans entrer dans des détails qui ne sauraient embrasser l'infinie diversité des espèces possibles, permettra d'atteindre, quel qu'il soit et où qu'il se trouve, le véritable auteur responsable de la violation de la loi » (1).

. En règle, les réclamations des ouvrières ne sont recevables qu'autant qu'elles se seront produites, au plus tard, quinze jours après le paiement de leur salaire. Mais le délai ainsi fixé ne s'applique pas à l'action intentée par l'ouvrière pour obtenir à son profit l'application d'un tarif d'espèce, établi par un précédent jugement et publié comme il est dit à l'article 33 *l*. (art. 33 *j*, § 2.)

Dans ce dernier cas la prescription ne sera que de six mois (2).

2° Les textes nouveaux ouvrent également une *action civile en faveur des syndicats professionnels et de certaines associations.*

Tel est le sens de l'article 33 *k*, l'un des plus importants de la loi nouvelle. Aux termes de cet article, les syndicats professionnels existant dans la région pour les diverses branches de l'industrie du vêtement, peuvent, même s'ils sont composés en totalité ou en partie d'ouvriers travaillant en atelier, exercer une *action civile basée sur l'inobservation de la présente loi, sans avoir à justifier d'un préjudice.*

Le même droit appartient à toutes les associations autorisées à cet effet par décret rendu sur la proposition du Ministre du Travail et de la Prévoyance sociale. Les débats qui ont eu lieu à la Chambre des députés, le 13 novembre 1913, ont précisé le caractère de l'action

---

(1) Rapport Berthod, p. 82.
(2) Rapport Berthod, p. 74.

civile ainsi reconnue aux syndicats professionnels et aux associations autorisées.

On s'est finalement trouvé d'accord pour affirmer qu'il ne s'agissait pas de permettre au syndicat ou à l'association autorisée d'exercer, sans le consentement de l'ouvrière ou même contre son gré, l'action de l'ouvrière lésée. C'est une ACTION PROPRE que le syndicat ou l'association autorisée reçoit directement du Code du travail. Cette *action propre,* ils pourront l'exercer sans avoir à justifier d'un préjudice. L'expérience judiciaire de ces dernières années a surabondamment démontré combien la nécessité de faire la preuve d'un préjudice pouvait rendre difficile l'exercice de l'action syndicale. Cette nécessité eut rendu bien plus difficile encore, peut-être même impossible l'action des associations autorisées. En réalité, selon la formule de M. Lerolle, associations et syndicats obtiennent, des textes nouveaux, une sorte de mandat public « pour faire régner l'honnêteté dans le travail. »

Les entrepreneurs ne restent pas d'ailleurs sans garantie contre l'abus qui pourrait être fait des droits accordés aux syndicats et associations autorisées. Les syndicats ou associations qui prendront l'initiative d'une action en justice pourront être obligés « si le défendeur le requiert, de donner caution pour le paiement des frais et dommages auxquels ils pourraient être condamnés à moins qu'ils ne possèdent en France des immeubles d'une valeur suffisante pour assurer ce paiement. » (Art. 33 *k*, § 1.)

Syndicats professionnels et associations autorisées peuvent exercer: « une action civile *basée sur l'inobservation de la présente loi.* » La formule est très large.

L'action civile devrait être admise non seulement lorsque l'ouvrière n'a pas touché le salaire minimum déterminé conformément à la loi, mais aussi, lorsque l'employeur ne remplit pas les obligations de forme que lui imposent les articles 33 *a*, 33 *b* et 33 *c*.

L'action civile devrait, d'autre part, être, à notre avis, admise, alors même qu'aucune plainte spéciale n'aurait été formulée, avant même qu'aucun paiement n'ait eu lieu, dès lors que « les prix de façon applicables au travail à domicile » par exemple les prix portés au tarif affiché par l'entrepreneur — ne seraient pas « tels qu'ils permettent à une ouvrière d'habileté moyenne de gagner en dix heures un salaire égal au minimum déterminé par les Conseils du travail ou les Comités de salaires » (article 33 *d*). Syndicats et associations autorisées pourraient ainsi exercer une véritable *action en rectification de tarifs*.

Les syndicats professionnels voient donc l'article 33 *k*, étendre, de façon fort intéressante, leur faculté d'ester en justice. Ils n'en conservent pas moins tous les droits qu'ils tiennent déjà de la loi de 1884. Le législateur a cru utile de l'affirmer expressément. Le second paragraphe de l'article 33 *k* est ainsi rédigé : « La disposition qui précède ne porte point atteinte aux droits reconnus par les lois antérieures aux syndicats professionnels. » C'est ainsi par exemple, que l'on peut penser, que le syndicat pourrait, s'il le préférait, au lieu de l'action propre visée à l'article 33 *k*, exercer, *comme mandataire* l'action de l'ouvrière lésée (1).

_______________

(1) Dans ses remarquables conclusions présentées devant le Conseil d'État, le 28 décembre 1906, sur un recours en matière de repos hebdomadaire, M. Romieu commissaire du gouvernement déclarait formellement que rien ne lui paraissait s'opposer à ce qu'un syndicat « soit choisi comme mandataire par l'individu intéressé pour exercer à ce titre l'action individuelle au nom de ce dernier. On peut prendre comme mandataire qui l'on veut, pourvu que ce soit une personne capable ; le syndicat a compétence *ratione materiae* quand il s'agit d'une affaire qui touche aux intérêts professionnels... »

## Conclusion

La loi du 10 juillet 1915 marque un décisif progrès de l'idée de minimum de salaire.

Ce serait assez, pour s'en convaincre, que d'évoquer les juridictions publiques nouvelles que cette loi investit du droit de fixer un taux de salaire au-dessous duquel le salaire de l'ouvrière ne peut légalement descendre. Il est d'autre part, difficile d'exagérer l'importance morale de la publicité donnée par les pouvoirs publics à la proclamation de ce minimum.

Il est, cependant, indispensable de le dire et de le redire, la loi de 1915 laisse le champ le plus vaste à l'action des initiatives privées et il est permis de croire que l'on ne la fera pénétrer complétement dans la vie quotidienne de notre pays, que si l'on peut, pour son application, compter sur des collaborations aussi ardentes et persévérantes que celles qui, ont fini par ei imposer le vote à l'unanimité du Parlement.

Les organisations professionnelles ou philanthropiques auront déjà leur rôle et un rôle important à jouer dans la formation et la composition des comités de salaires et des comités professionnels d'expertise. Il est évident que si ces organisations savent préparer et proposer à l'assemblée des présidents et vice-présidents de section des conseils de prudhommes des candidatures heureusement choisies, elles faciliteront singulièrement la tâche de cette assemblée, « Il va de soi, écrit M. Durafour dans le dernier rapport présenté à la Chambre des députés, que, pour le bon fonctionnement de la loi, les magistrats prudhommaux appelés à exercer cet office devront ne point manquer de recueillir, quant aux désignations a faire, les suggestions des organisations professionnelles, entre les mains desquelles, on ne saurait trop le dire, nous remettons, avant tous autres, le soin de faire respecter la loi. Nous souhaitons que dès la promulgation de la loi, ces organismes corporatifs se préoccupent de remplir leur rôle auprès des juridictions prudhommales (1). »

Pour ce qui est de l'application du minimum de salaire lui-même, l'action judiciaire qui peut être nécessaire pour avoir raison de certaines résistances ne peut être, nous l'avons vu, exercée que par l'ouvrière ou une organisation professionnelle ou philanthropique (syndicat ou association).

Beaucoup déclarent qu'on ne saurait compter sur l'initiative de l'ouvrière lésée. « C'est une opinion unanime, écrit M. Berthod, que la loi resterait absolument lettre morte s'il fallait s'en remettre aux ouvrières toutes seules du soin de demander le relèvement de leurs salaires. La crainte de perdre leur travail retiendrait impérieusement ces malheureuses (2). »

Dans son rapport au Sénat, M. Jean Morel cite ces paroles prononcées au Conseil supérieur du travail par M. Arthur Fontaine, directeur du travail : « En ce qui concerne l'action civile, j'ai fait remarquer à plusieurs reprises que la loi ne pourrait guère s'appliquer si l'ouvrière devait attaquer elle-même l'entrepreneuse et le patron. Elle est pauvre, elle est isolée, et en attaquant elle risque de perdre son travail. C'est assez dire — et c'est l'idée générale que j'ai recueillie auprès des ligues et des associations s'occupant de la question, — qu'il n'y a pas d'attaque possible contre les tarifs, si l'initiative doit en être laissée aux seules ouvrières (3). »

---

(1) Rapport Durafour, p. 9.
(2) Rapport Berthod, p. 74.
(3) Rapport Jean Morel, p. 66. Conseil supérieur du travail, XX<sup>e</sup> session, novembre 1910, *Compte rendu*, p. 156.

Il est fort à craindre que ces affirmations autorisées, auxquelles on en pourrait ajouter beaucoup d'autres, ne soient pas démenties par l'expérience. S'il en était ainsi, toute l'application, au moins toute l'application judiciaire du minimum de salaire dépendrait de la façon dont syndicats et associations autorisées useront du droit d'initiative propre dont ils sont aujourd'hui armés.

Syndicats et associations autorisées pourront-ils remplir toute la tâche qui leur est dévolue? C'est là une question que verront trancher les mois prochains.

# ANNEXES

## I

**LOI du 10 juillet 1915 portant modification des titres III et V du livre I<sup>er</sup> du Code du travail et de la prévoyance sociale** (*salaire des ouvrières à domicile dans l'industrie du vêtement*).

ARTICLE PREMIER. — Le chapitre I<sup>er</sup> du titre III du livre I<sup>er</sup> du Code du travail et de la prévoyance sociale est modifié comme suit :

CHAPITRE PREMIER. — De la détermination du salaire. — Section I. — Du salaire des ouvrières exécutant à domicile des travaux rentrant dans l'industrie du vêtement.

« *Art. 33.* — Les dispositions de la présente section sont applicables à toutes les ouvrières exécutant à domicile des travaux de vêtements, chapeaux, chaussures, lingerie en tous genres, broderie, dentelles, plumes, fleurs artificielles, et tous autres travaux rentrant dans l'industrie du vêtement.

« *Art. 33 a.* — Tout fabricant, commissionnaire ou intermédiaire, faisant exécuter à domicile les travaux ci-dessus visés, doit en informer l'inspecteur du travail et tenir un registre indiquant le nom et l'adresse de chacune des ouvrières ainsi occupées.

« *Art. 33 b.* — Les prix de façon fixés, pour les articles faits en série, par tout entrepreneur de travaux à domicile, sont affichés en permanence dans les locaux d'attente ainsi que dans ceux où s'effectuent la remise des matières premières aux ouvrières et la réception des marchandises après exécution.

« Cette disposition ne s'applique pas au domicile privé des ouvrières lorsque la remise de ces matières et la réception des marchandises y sont directement effectuées par les soins des fabricants, des commissionnaires ou des intermédiaires.

« *Art. 33 c.* — Au moment où une ouvrière reçoit du travail à exécuter à domicile, il lui est remis un bulletin à souche ou un carnet indiquant la nature, la quantité du travail, la date à laquelle il est donné, les prix de façon applicables à ce travail ainsi que la nature et la valeur des fournitures imposées à l'ouvrière. Les prix nets de façon ne peuvent être inférieurs, pour les mêmes articles, aux prix affichés en vertu de l'article précédent.

« Lors de la remise du travail achevé, une mention est portée au bulletin ou carnet indiquant la date de la livraison, le montant de la rémunération acquise par l'ouvrière et des divers frais accessoires laissés à sa charge par le fabricant, commissionnaire ou intermédiaire dans les limites prévues par l'article 50 du présent livre, ainsi que la somme nette payée ou à payer à l'ouvrière après déduction de ces frais.

« Les mentions portées au bulletin ou carnet doivent être exactement reportées sur la souche du bulletin ou sur un registre d'ordre.

« Les souches et registres visés à l'alinéa précédent doivent être conservés pendant un an au moins par le fabricant, commissionnaire ou intermédiaire et tenus par lui constamment à la disposition de l'inspecteur.

« Toutes mentions inexactes portées sur les bulletins, carnets, souches et registres visés au présent article sont passibles des peines prévues à l'article 99 *a.*

« *Art. 33 d.* — Les prix de façon applicables au travail à domicile doivent être tels qu'ils permettent à une ouvrière d'habileté moyenne de gagner en dix heures un salaire égal à un minimum déterminé par les conseils du travail, ou, à leur défaut, par les comités de salaires, pour la profession ou pour la région, dans les conditions indiquées aux articles 33 *e,* 33 *f* et 33 *g* ci-après.

« *Art. 33 e.* — Les conseils du travail constatent le taux du salaire quotidien habituellement payé dans la région aux ouvrières de même profession et d'habileté moyenne travaillant en atelier, à l'heure ou à la journée, et exécutant les divers travaux courants de la profession.

« Ils déterminent, d'après le chiffre ainsi établi, le minimum prévu à l'article 33 *d*.

« Dans les régions où, pour la profession visée, le travail à domicile existe seul, les conseils du travail fixent le minimum d'après le salaire moyen des ouvrières en atelier exécutant des travaux analogues dans la région ou dans d'autres régions similaires, ou d'après le salaire habituellement payé à la journalière dans la région.

« Le minimum ainsi fixé sert de base aux jugements des conseils de prud'hommes ou à ceux des juges de paix dans les différends qui peuvent leur être soumis au sujet de la présente section.

« Les conseils du travail procèdent tous les trois ans au moins à la revision de ce minimum.

« *Art. 33 f.* — S'il n'existe pas de conseil du travail dans la profession et dans la région, il est institué, au chef-lieu du département, un comité de salaires des ouvrières à domicile auquel sont dévolues les attributions données au conseil du travail par l'article précédent.

« Ce comité est composé du juge de paix ou du plus ancien des juges de paix en fonctions au chef-lieu du département, président de droit, de deux à quatre ouvriers ou ouvrières et d'un nombre égal de patrons appartenant aux industries visées par la présente loi.

« Les membres du comité sont choisis par les présidents et vice-présidents de section des conseils de prud'hommes existant dans le département.

« A défaut de conseils de prud'hommes ayant compétence dans le département, ou si les présidents et vice-présidents de section n'ont pu réaliser un accord sur ce choix, les membres du comité sont désignés par le président du tribunal civil.

« *Art. 33 g.* — Il est en outre, institué, à défaut de conseil
du travail, un ou plusieurs comités professionnels d'expertise.

«'Chacun de ces comités comprend deux ouvrières et deux
patrons (hommes ou femmes) appartenant aux industries
du vêtement et exerçant leur profession dans le département.

« Le comité est présidé par le juge de paix du canton où
siège le comité.

« Les membres des comités sont choisis par la réunion
des présidents et des vice-présidents de section des conseils
de prud'hommes fonctionnant dans le département. S'il
n'existe pas de conseils de prud'hommes, ils sont désignés
par le préfet.

« Les conseils du travail, ou, à leur défaut, les comités
professionnels d'expertise peuvent dresser d'office ou dressent, sur la demande du Gouvernement, des conseils de
prud'hommes ou des unions professionnelles intéressées,
avec toute la précision possible, le tableau du temps nécessaire à l'exécution des travaux en série pour les divers articles et les diverses catégories d'ouvrières dans les professions
et les régions où s'étendent leurs attributions. .

« Le minimum de salaire applicable aux articles fabriqués
en série résultera du prix minimum du salaire à l'heure fixé
par les comités de salaires multiplié par le nombre d'heures
nécessaires à l'exécution du travail afférent à ces articles.

« Les juridictions compétentes ont la faculté de consulter
les comités professionnels d'expertise pour l'évaluation du
temps nécessaire à l'exécution des travaux à la pièce non
compris dans les tableaux des travaux en série.

« Les indications fournies dans ces conditions servent de
base aux jugements des conseils de prud'hommes ou des
juges de paix dans les différends soulevés devant eux à
l'occasion du travail relatif aux articles exécutés à la pièce.

« *Art. 33* h. — Les chiffres des salaires minima et de tous salaires constatés ou établis par les conseils du travail et par les comités spéciaux en vertu des articles 33 *e*, 33 *f* et 33 *g*, sont publiés par les soins du préfet et sont insérés notamment au Recueil des Actes administratifs du département.

« Si, dans un délai de trois mois à partir de la publication d'un minimum de salaire arrêté par le conseil du travail ou par un comité de salaires, ou d'un tarif établi par le conseil du travail ou par un comité professionnel d'expertise, une protestation est élevée contre leur décision, soit par le Gou-vernement, soit par toute association professionnelle ou toute personne intéressée dans la profession, il est statué, en dernier ressort, par une commission centrale siégeant au Ministère du Travail et composé ainsi qu'il suit :

« Deux membres (un patron et un ouvrier) du conseil du travail ou du comité départemental qui a déterminé le salaire minimum ;

« Les deux représentants (patron et ouvrier) de la profes-sion au Conseil supérieur du travail ;

« Deux prud'hommes (un patron et un ouvrier) élus pour trois ans par l'ensemble des conseils de prud'hommes ;

« Un enquêteur permanent de l'Office du travail désigné par le Ministre du Travail et de la Prévoyance sociale et qui remplira les fonctions de secrétaire de la commission avec voix délibérative ;

« Un membre de la Cour de cassation désigné par celle-ci pour trois ans, qui sera de droit président de la commission centrale et dont la voix sera prépondérante en cas de partage égal des votes.

« Après l'expiration du délai de trois mois ou après la décision de la commission centrale, le minimum devient obligatoire dans le ressort du conseil du travail ou du comité départemental qui l'a établi.

« Dans le cas où un conseil du travail ou un comité

départemental modifierait sa décision relative au chiffre d'un minimum de salaire, le chiffre antérieurement fixé demeure obligatoire jusqu'à l'expiration du délai de trois mois, ou, en cas de protestation, jusqu'à la décision de la commission centrale.

« Un règlement d'administration publique déterminera les conditions de publicité prévues ci-dessus, le fonctionnement de la commission centrale et l'emploi des crédits nécessaires à ce fonctionnement.

« Art. 33 i. — Les conseils de prud'hommes, dans l'étendue de leur juridiction, et à leur défaut, les juges de paix sont compétents pour juger toutes les contestations qui naîtront de l'application de la présente section, et notamment pour redresser tous comptes de salaires inférieurs au minimum défini aux articles précédents.

« La différence constatée en moins entre le salaire payé et celui qui aurait dû l'être doit être versée à l'ouvrière insuffisamment rétribuée, sans préjudice de l'indemnité à laquelle l'employeur pourra être condamné au bénéfice de celle-ci.

« Tout fabricant, commissionnaire ou intermédiaire est civilement responsable lorsque c'est de son fait que le salaire minimum n'a pu être payé.

« Art. 33 j. — Les réclamations des ouvrières touchant le tarif appliqué au travail par elles exécuté ne sont recevables qu'autant qu'elles se seront produites au plus tard quinze jours après le payement de leurs salaires.

« Le délai ainsi fixé ne s'applique pas à l'action intentée par l'ouvrière pour obtenir à son profit l'application d'un tarif d'espece établi par un précédent jugement et publié comme il est dit à l'article 33 l.

« Art. 33 k. — Les associations autorisées à cet effet par décret rendu sur la proposition du Ministre du Travail et de la Prévoyance sociale et les Syndicats professionnels existant dans la région pour les industries visées à l'article 33, même s'ils sont composés en totalité ou en partie d'ouvriers travaillant en atelier, peuvent exercer une action civile basée sur l'inobservation de la piésente loi, sans avoir à justifier d'un préjudice, à charge si le défendeur le requiert, de donner caution pour le payement des frais et dommages auxquels ils pourraient être condamrés, à moins qu'ils ne possèdent, en France, des immeubles d'une valeur suffisante pour assurer ce payement.

« La disposition qui précède ne porte point atteinte aux droits reconnus par les.lois antérieures aux Syndicats professionnels.

« *Art. 33* l. — Le conseil de prud'hommes, ou le juge de paix, à l'occasion de tout différend portant sur la remuné ration d'une ouvrière effectuant à domicile quelques-uns des travaux visés à l'article 33, rend publics, par affichage à la porte du prétoire, le chiffre du minimum de salaire qui a servi de base à sa décision et le tarif d'espèce résultant du jugement.

« Tout intéressé et tout groupement visé à l'article 33 *h*, sont autorisés à prendre copie sans frais, au secrétariat du conseil de prud'hommes, ou au greffe de la justice de paix, des chiffres de ces salaires et à les publier.

« *Art. 33* m. — Dans le cas où des ouvriers appartenant aux industries visées à l'article 33 et exécutant à domicile les mêmes travaux que les ouvrières recevraient un salaire inférieur au minimum établi pour celles-ci, le relèvement de ce salaire jusqu'à concurrence dudit minimum pourra être demandé devant les conseils de prud'hommes, ou en justice de paix, dans les mêmes conditions que pour les ouvrières elles-mêmes.

Les dispositions des articles 33 *a*, *b*, *c*, *d*, *e*, *f*, *g*, *h*, *i*, *j*, *k*, *l*, *m*, pourront après avis du Conseil supérieur du travail, et en vertu d'un règlement d'administration publique, être rendues applicables à des ouvrières à domicile appartenant à d'autres industries non visées à l'article 33.

« *Art. 33* n. — Toutes conventions contraires aux dispositions de la présente section sont nulles et de nul effet. »

ART. 2. — La section première du chapitre 1er du titre III du livre 1er du Code du travail et de la prévoyance sociale portera le titre de section II.

Les articles 33 et 34 du livre Ieʳ du Code du travail et de la prévoyance sociale prendront les nᵒˢ 34 et 34 a.

ART. 3. — Le titre V du livre Ieʳ du Code du travail et de la prévoyance sociale est modifié comme suit :

1ᵒ Après l'article 99 est inséré l'articie 99 a suivant :

« *Art. 99* a. — Les fabricants, commissionnaires, intermédiaires ou leurs préposés qui auront contrevenu aux dispositions des articles 33 a, 33 b et 33 c du présent livre seront poursuivis devant le tribunal de simple police et punis d'une amende de cinq francs (5 fr.) à quinze francs (15 fr.).

« Dans les cas de contravention à l'article 33 c, l'amende sera appliquée autant de fois qu'il y aura de peisonnes à l'égard desquelles les prescriptions dudit article n'auront pas été observées, sans toutefois que le maximum puisse dépasser cinq cents francs (500 fr.).

« En cas de récidive, le contrevenant sera poursuivi devant le tribunal correctionnel et puni d'une amende de seize francs (16 francs) à cent francs (100 fr.).

« Il y a récidive lorsque, dans les douze mois antérieurs au fait poursuivi, le contrevenant a déjà subi une condamnation pour une contravention identique.

« En cas de pluralités de contraventions, entraînant des peines de récidive, l'amende sera appliquée autant de fois qu'il aura été relevé de nouvelles contraventions, sans que le maximum puisse dépasser trois mille francs (3,000 fr.).

« Les tribunaux correctionnels pourront appliquer les dispositions de l'article 463 du Code pénal sur les circonstances atténuantes, sans qu'en aucun cas l'amende, pour chaque contravention, puisse être inférieure à cinq francs (5 fr.).

« Les fabricants, commissionnaires ou intermédiaires sont civilement responsables des condamnations prononcées contre leurs préposés. »

2º L'article 107 est modifié comme suit :

« *Art. 107*. — Les inspecteurs du travail sont chargés concurremment avec les officiers de police judiciaire, d'assurer l'exécution des articles 33 *a*, 33 *b*, 33 *c*, 75, 76, 77, et, en ce qui concerne le commerce et l'industrie, des articles 43, 44 et 45 du présent livre.

## II

## Circulaire du 24 juillet 1915

Le Ministre du Travail et de la Prévoyance sociale

A Messieurs les Préfets,

A Messieurs les Inspecteurs divisionnaires du travail.

La loi du 10 juillet 1915, dont vous avez lu le texte au *Journal officiel* du 11 juillet, et dont je vous adresse ci-joint un grand nombre d'exemplaires avec mes instructions, est une des lois que le monde du travail attendait avec impatience et dont l'importance, la justice et l'opportunité sont soulignées d'une manière éclatante par le fait qu'elle a été votée à l'unanimité par le Sénat dans sa séance du 20 mai 1915 et par la Chambre dans sa séance du 9 juillet suivant.

Elle a pour objet d'assurer aux femmes occupées à domicile dans les industries du vêtement, et dont la rémunération est trop souvent insuffisante, un minimum de salaire.

Bien qu'elle réponde d'une manière particulièrement opportune au développement qu'a pris pendant la guerre le travail à domicile exécuté pour les armées (capotes, pantalons, chemises, caleçons, tentes, etc.), la loi n'est pas une loi de circonstance. Elle a son origine dans les nombreuses plaintes, les nombreuses enquêtes qui, depuis de longues années, ont signalé l'avilissement du salaire des ouvrières à domicile. La discussion s'en poursuivait depuis plusieurs années.

Pour déterminer le *champ d'application de la loi*, il y a lieu de considérer d'une part les personnes, et, d'autre part, les travaux auxquels elle s'applique.

En ce qui concerne le premier point, la loi ne vise que les

ouvrières à domicile. Elle laisse en dehors de son action les ouvriers à domicile et le personnel des ateliers. Toutefois le minimum de salaire une fois établi pour les ouvrières à domicile, les ouvriers à domicile appartenant aux mêmes industries et exécutant les mêmes travaux, qui recevraient des salaires inférieurs à ce minimum, peuvent poursuivre leurs employeurs devant les Conseils de prud'hommes ou les juges de paix en vue d'obtenir le payement de la différence (*art 33* m). L'action civile des associations prévue à *l'article 33* k peut aussi s'exercer dans ce cas. Mais les entrepreneurs ne sont tenus ni d'inscrire lesdits ouvriers sur le registre prévu à *l'article 33* a, ni de les munir du bulletin à souche ou carnet prescrit par *l'article 33* c.

La loi n'a pas donné de définition du travail à domicile. A titre d'indication, voici quelques caractéristiques de l'industrie à domicile salariée.

Le travail est fait sur commande, soit d'un établissement industriel ou commercial, soit d'un intermédiaire. Il est exécuté dans un local servant à l'habitation ou en dépendant, par un ouvrier façonnier travaillant seul ou avec des membres de sa famille ou même avec quelques autres ouvriers. Les matières premières sont, le plus souvent, fournies par les établissements ou les intermédiaires à l'exception des fournitures accessoires achetées par l'ouvrier.

Les ouvriers à domicile ainsi définis se différencient des petits artisans qui travaillent également à domicile, mais directement pour la clientèle et sont en réalité de petits patrons.

Aucune distinction de nationalité n'a été faite par la loi, qui protège également les ouvrières et ouvriers travaillant en France à domicile, qu'ils soient français ou étrangers. Le premier rapporteur de la loi à la Chambre l'a déclaré expressément dans son rapport (1).

La loi, d'autre part, ne vise pas tous les travaux à domi-

---

(1) Rapport de M. Berthod, Chambre des Deputes, session 1913, doc. pail. N° 2,172, page 39.

cile ; elle s'applique seulement aux « travaux de vêtements, chapeaux, chaussures, lingerie en tous genres, broderie, dentelles, plumes, fleurs artificielles et tous autres travaux rentrant dans l'industrie du vêtement » (*art. 33*).

En dehors des objets ainsi énumérés, il résulte des travaux préparatoires que le législateur n'a voulu comprendre dans l'expression « industrie du vêtement » que la confection des vêtements proprements dits. N'y rentrent pas, notamment, la fabrication des bijoux, des chapelets, le tissage des rubans. Toutefois, l'*article 33* m'permet d'étendre la loi à d'autres industries non visées expressément à l'*article 33*. Cette extension peut être réalisée par un règlement d'administration publique rendu après avis du Conseil supérieur du travail.

*L'économie de la loi* peut se résumer comme suit :

I. — Par une procédure spéciale, un tarif minimum est établi et publié ;

II. — Les entrepreneurs doivent accorder à leurs ouvrières un tarif au moins égal à ce tarif minimum, faute de quoi le redressement des salaires peut être obtenu par une action civile ;

III — Pour faciliter la comparaison entre le tarif minimum établi et le tarif payé par l'entrepreneur, ce dernier doit remplir certaines formalités dont l'inobservation est l'objet de sanctions pénales.

La loi prévoit trois sortes de salaires minima ou tarifs qu'il est utile de bien distinguer pour faciliter l'intelligence de ce qui va suivre ;

1° Un minimum de salaire *au temps*, qui est déterminé par le conseil du travail ou le comité départemental des salaires.

2° Un minimum de salaire *à la pièce*, applicable aux articles fabriqués en série, établi par le conseil du travail ou les comités professionnels d'expertise ;

3° Des prix de façon fixés par l'entrepreneur et qui doivent être inscrits par lui sur les bulletins ou carnets remis aux ouvrières et affichés par ses soins dans certains cas.

Tous ces salaires ou tarifs s'entendent nets de toutes fournitures. Cela est évident, par définition, pour le minimum au temps (*art. 33* e) ; cela est également vrai pour le tarif ou salaire à la pièce établi par le comité d'expertise, puisqu'il doit permettre, par définition, de gagner le minimum horaire net dans le temps nécessaire à fabriquer la pièce (*art 33* g).

Enfin il en est de même des prix de façon fixés par l'entrepreneur et affichés par lui (*art. 33* h) ou inscrits sur les carnets (*art. 33* c). Cela résulte, sans doute possible, de la dernière phrase du premier alinéa de l'*article 33* c. « Les ix *nets* de façon ne peuvent être inférieurs, pour les mêmes articles, aux prix affichés en vertu de l'article précédent ».

### I. — DÉTERMINATION DU MINIMUM DE SALAIRE

#### 1° *Organismes chargés de l'établir*

C'est aux conseils du travail, en premier lieu, que la loi confie le soin de constater les salaires de base (*art. 33* e) ainsi que le temps nécessaire à la confection des articles (*art 33* g).

Les conseils du travail dont il s'agit sont les conseils consultatifs du travail prévus par la loi du 17 juillet 1908. Ces conseils étant encore très peu nombreux et aucun d'eux n'ayant été créé pour les professions qui font l'objet de la loi qui nous occupe, il y a lieu actuellement de recourir à la création des comités de salaires et des comités professionnels d'expertise appelés par la loi à les remplacer.

*Comités de salaires*. — L'*article 33* f de la loi règle la constitution de ces comités.

C'est aux préfets qu'il appartient de provoquer leur création. Il auront d'abord à fixer, en tenant compte de l'importance des intérêts et en prenant à ce sujet l'avis du service de l'inspection du travail et de personnes compétentes appartenant aux groupements professionnels intéressés, le nombre des ouvriers ou ouvrières et des patrons qui doivent composer le Comité. Le nombre des membres de chaque catégorie peut varier de deux à quatre et doit d'ailleurs être le même pour les deux catégories.

Ils devront ensuite faire procéder à la désignation des membres. Deux cas se présenteront :

*a*) S'il existe des conseils de prud'hommes ayant compétence dans le département, le préfet devra inviter les présidents et vice-présidents de section de ces conseils à désigner les membres patrons et ouvriers du Comité. La loi n'a pas précisé comment se ferait cette désignation. Par analogie avec l'*article 33* g, qui prévoit une réunion des présidents et vice-présidents de section des conseils de prud'hommes pour la désignation des membres des comités locaux d'expertise, il paraît indiqué de suivre la même procédure pour la nomination des membres du comité départemental de salaires. Il est d'ailleurs plus facile d'obtenir l'accord souhaité par le législateur au sein d'une telle réunion, que si les intéressés étaient consultés isolément.

Il y a lieu d'admettre que l'accord est réalisé pour les candidats ayant réuni la majorité des voix des prud'hommes patrons et celle des prud'hommes ouvriers.

Les candidats élus doivent appartenir aux industries « visées par la présente loi », c'est-à-dire, tant que n'aura pas joué le paragraphe 2 de l'*article 33* m, aux industries du vêtement. C'est la seule condition d'éligibilité exigée. Il n'est pas indispensable que les patrons désignés donnent du travail à domicile ni que les ouvriers désignés rentrent dans la catégorie des ouvrières à domicile ; il suffit que les uns et les autres appartiennent aux industries précitées. Il est désirable toutefois que les choix se portent sur des personnes appartenant aux spécialités industrielles dont les travaux seront en cause. Il est désirable aussi, dans la mesure du possible, pour faciliter le fonctionnement et éviter des frais, que les choix se portent de préférence sur des personnes habitant la ville siège du Comité.

*b)* A défaut de conseils de prud'hommes ou si les présidents
et vice-présidents n'ont pu se mettre d'accord, le préfet devra
saisir le président du tribunal civil du chef-lieu du département et le prier de faire les désignations.

Si la réunion des présidents et vice-présidents a désigné
des personnes n'appartenant pas aux professions du vêtement (aux professions en cause s'il s'agit d'extensions faites
en vertu de l'*article 33* m, § 2); ou si, d'une façon générale,
elle a présenté moins de noms de patrons ou d'ouvriers éli-
gibles que le Comité n'en comporte, le président du tribunal
civil devra de même compléter la liste et suppléer pour les
noms manquants, à l'accord non intervenu.

La loi n'a pas fixé expressément la durée du mandat des
membres du Comité. Mais les révisions des minima de
salaire devant avoir lieu, aux termes de l'*article 33* e,
tous les trois ans au moins, il est normal de le renouveler
tous les trois ans. Cette durée est d'ailleurs celle qu'à fixée
la loi pour le mandat du conseiller à la Cour de cassation
chargé de présider la commission centrale statuant en dernier ressort (*art. 33* h). Il va sans dire que rien ne s'oppose
à ce que le mandat des membres des Comités départementaux soit renouvelé à l'expiration de chaque période
triennale.

La présidence du Comité départemental de salaires a été
attribuée par la loi au juge de paix ou au plus ancien des
juges de paix en fonctions au chef-lieu du département.
C'est donc à lui qu'est confié le soin d'assurer la bonne
marche des opérations. Vous voudrez bien lui notifier l'institution du comité, sa composition, les noms des membres
désignés, et d'une façon générale tout ce qui concerne son
fonctionnement.

Un arrêté préfectoral paraît nécessaire pour faire connaître
aux intéressés l'institution et déterminer la composition du
comité départemental des salaires. Il fixera la durée des
mandats et leur point de départ et indiquerait, le cas échéant,
les mesures prises pour faciliter la mission du comité. Un
arrêté ultérieur devra intervenir pour proclamer le résultat

des désignations de membres faites régulièrement et porter les noms à la connaissance du public.

*Comités professionnels d'expertise.* — En l'absence de conseils du travail, c'est-à-dire dans la généralité des cas, les préfets auront à instituer dans chaque département un ou plusieurs comités dits *comités professionnels d'eapertise* (*art. 33* g).

Il appartient aux préfets de décider dans quels centres ét pour quelles professions devront être créés de tels comités et de déterminer la région à laquelle leur compétence s'étendra. Ils devront consulter les personnes qualifiées pour représenter les professions, les groupes professionnels intéressés; ils prendront aussi l'avis du comité de salaires et de l'inspecteur du travail. A raison de la mission technique qui leur incombe, ces comités d'expertise pourront être aussi nombreux qu'il y aura d'industries du vêtement nettement distinctes exercées dans la région. Il faut cependant se garder de les multiplier sans nécessité.

Pour la désignation des membres des comités professionnels, les préfets suivront la procédure qui a été indiquée plus haut pour les comités départementaux de salaires. Une différence doit toutefois être notée  Dans le cas où il n'existerait pas de conseils de prud'hommes dans le département ou si les présidents patrons et ouvriers n'ont pu se mettre d'accord, ce sera le préfet qui désigneia les membres du comité d'expertise  Pour cette désignation, il y aura lieu de consulter le comité départemental de salaires.

Les recommandations faites pour les comités départementaux de salaires, en ce qui concerne la spécialité professionnelle et la résidence, sont ici plus indiquées encore, et quant à la résidence plus faciles à suivre.

Ce qui a été dit au sujet des notifications au juge de paix, président, et des arrêtés constitutifs des comités doit également trouver ici sa place. Les éléments à fixer par arrêté sont d'ailleurs plus nombreux (siège, profession, circonscription régionale, etc.).

*Commission centrale.* — Pour statuer en dernier ressort sur les protestations élevées contre la décision des conseils du travail, comités de salaires et comités d'expertise, il est institué une commission centrale siégeant au Ministère du Travail.

Cette commission doit comprendre, pour chaque affaire, deux membres (un patron et un ouvrier) du conseil du travail ou du comité départemental qui a déterminé le salaire minimum. Le règlement d'administration publique prévu à *l'article 33* lu donnera à cet égard les précisions nécessaires et, le cas échéant, des instructions complémentaires seront envoyées avec le règlement.

## 2° *Fonctionnement des comités*

Les réunions des comités départementaux de salaires et des comités professionnels d'expertise sont provoquées par le juge de paix président, qui fixe leur ordre du jour. L'administration n'a pas à intervenir dans leurs travaux. Elle devra toutefois faciliter leur fonctionnement, autant que possible, en leur fournissant le local, les documents et les quelques fournitures de bureau nécessaires. Elle mettra, autant que possible, s'ils en expriment le désir, un employé à leur disposition pour assurer leur secrétariat Parmi les documents à communiquer aux comités figurent en première ligne les bordereaux annexés, en vertu des décrets du 10 août 1899, aux marchés passés par l'Etat, les départements, les communes et les établissements publics de bienfaisance. Un très grand nombre de ces bordereaux ont été précisément établis dans ces derniers mois à l'occasion de fournitures de vêtements et de lingerie pour l'armée. Les inspecteurs du travail les connaissent et sont à leur sujet en rapport avec les intendants. Les comités y trouveront une documentation abondante et actuelle qui facilitera grandement leurs travaux.

*Constatation du salaire de base.* — Les conseils du tra-

vail ou les comités de salaire prévus par *l'article 33* d ont
d'abord à constater le taux du salaire quotidien habituellement payé, taux d'après lequel sera déterminé ensuite le
minimum de salaire.

*L'article 33* e indique les règles à suivre en cette matière :

1º Le travail à domicile existe dans la région, concurremment avec un travail semblable *en atelier*. Le taux du
salaire quotidien constaté sera celui qui est habituellement
payé en atelier, aux ouvrières de même profession et
d'habileté moyenne exécutant les divers travaux de la profession. Au sujet de l'ouvrière d'habileté moyenne, sur
laquelle doit porter la constatation, le rapporteur du projet
de loi à la Chambre des députés (1), cité par le rapport au
Sénat (2), s'exprimait ainsi : « Il reste bien entendu que le
salaire envisagé devra être celui de l'ouvrière qui n'a pas de
talent spécial lui donnant droit à une rétribution supérieure,
mais celui de l'ouvrière ordinaire, exécutant communément
les divers travaux de la profession » ;

2º Le travail à domicile existe seul dans la région ; mais
on rencontre dans cette région ou dans des régions similaires
des ateliers où des ouvrières exécutent des travaux analogues ; c'est le taux du salaire quotidien de ces ouvrières qui
devra être constaté ;

3º Enfin, il n'y a aucun atelier où s'exécutent des travaux
se rapportant à l'industrie du vêtement ou des travaux
analogues, ni dans la région considérée ni dans les régions
similaires. Dans ce cas, qui, à raison du sens très large, très
compréhensif des expressions « travaux analogues » et « régions similaires », se présentera sans doute rarement, c'est
le taux du salaire habituellement payé à la journalière dans
la région qui devra être constaté.

---

(1) Rapport Berthod, Chambre des députés, session 1913, doc.
parl., nº 2472, p. 53.
(2) Rapport Morel, Sénat, 1914, session ordinaire, doc. parl.,
nº 207, p. 49.

Aux termes du rapport de M. Jean Morel, « la journalière prise ici comme type est l'ouvrière non spécialisée, allant en journée chez autrui pour des fins diverses : travaux de ménage, de couture, de ravaudage, de blanchissage, etc. ».

*Etablissement du salaire minimum.* — C'est d'après le taux du salaire ainsi constaté que les conseils du travail ou comités de salaires déterminent le minimum prévu à *l'article 33* d, c'est-à-dire celui que les prix de façon doivent permettre à une ouvrière à domicile d'habileté moyenne de gagner en dix heures. Le salaire minimum ainsi déterminé est donc un salaire au temps ; il devra être fixé par heure ou pour une journée de dix heures.

Il appartiendra aux préfets de veiller à ce que les conseils du travail ou les comités de salaires procèdent tous les trois ans au moins à la révision du salaire minimum horaire, ainsi que l'exige le dernier alinéa de *l'article 33* c.

*Etablissement du prix de façon pour les articles fabriqués en série.* — Les comités d'expertise institués par *l'article 33* g sont appelés à dresser, avec toute la précision possible, le tableau du temps nécessaire à l'exécution des travaux exécutés en série, pour les divers articles et les diverses catégories d'ouvrières, dans les professions et les régions où s'étendent leurs attributions Dans l'esprit de la loi, ces déterminations doivent être faites en observant le travail *en atelier* d'une ouvrière habileté moyenne.

Il y a lieu de noter que l'action des comités pour le choix des articles à porter au tableau n'est pas limitée par l'initiative du Gouvernement. Les conseils de prud'hommes et les unions professionnelles intéressées ont le même droit de s'adresser à eux. Les comités peuvent, en outre, d'office, inscrire les articles dont la tarification leur paraît particulièrement utile.

Une fois le tableau des temps dressé, il appartient au comité d'expertise, pour établir les salaires minima et tarifs visés notamment par *l'article 33* h, de déterminer le produit du salaire horaire de base par le nombre d'heures et de fractions d'heure indiqué au tableau. Les tarifs doivent comprendre, pour chaque article, trois éléments: salaire horaire, temps nécessaire, prix de façon net résultant des deux premiers.

*Publicité des salaires*. — *L'article 33* h confie aux préfets le soin d'assurer la publicité des salaires minima et de tous salaires aux pièces ou tarifs constatés ou établis, par les conseils du travail et les comités spéciaux, en vertu des *articles 33* e, *33* f et *33* g. La loi a mentionné seulement la publication dans le *Recueil des actes administratifs du département*. Mais c'est le règlement d'administration publique prévu au dernier alinéa de *l'article 33* h qui déterminera avec précision les conditions de cette publicité. Elle devra être aussi large et aussi rapide que possible, afin que toutes les personnes intéressées soient touchées en temps utile.

*Recours contre les décisions des comités*. — *L'article 33* h prévoit un recours contre les décisions des conseil du travail, comités de salaires ou comités d'expertise, constatant ou établissant des salaires ou tarifs; ce recours est porté devant la Commission centrale siégeant au Ministère du Travail, qui statue en dernier ressort.

C'est au Ministre du Travail qu'il appartient de recevoir ces protestations et de transmettre à la Commission celles qui satisfont aux conditions fixées par *l'article 33* h § 2. Les prefets devront donc me transmettre toutes celles qui pourraient leur être adressées. Le Gouvernement ayant lui-même le droit d'élever une protestation, ils devront en outre me saisir de tous les cas qui leur paraîtront devoir être soumis à la Commission centrale : constatations manifestement inexactes des comités, divergences entre leurs appréciations de nature à fausser les conditions de la concurrence entre régions, etc.

Les salaires et tarifs résultant des décisions de la Commission centrale devront recevoir la même publicité que ceux qui sont constatés ou établis par les Comités de salaires ou d'expertise.

## II. — REDRESSEMENT DES SALAIRES

Il s'agit ici d'actions civiles au sujet desquelles il n'appartient pas au Ministre du Travail de donner des instructions. Je me borne à noter que le fait pour un employeur de ne pas respecter les minima établis par les comités ne donne pas lieu à des poursuites pénales ; il donne seulement ouverture à deux actions civiles distinctes qui peuvent être exercées indépendamment l'une de l'autre, par les ouvrières lésées ou par certaines associations.

Parmi les personnes morales pouvant exercer l'action civile, le législateur a placé : les associations autorisées à cet effet par décret rendu sur la proposition du Ministre du Travail et de la Prévoyance sociale.

## III. — FORMALITÉS IMPOSÉES AUX ENTREPRENEURS

En vue de faciliter la constatation des salaires réellement payés aux ouvrières par les entrepreneurs, la loi a imposé à ceux-ci certaines obligations énumérées dans les *articles 33* a, *33* b et *33* c et qui sont sanctionnées par les pénalités prévues à *l'article 99* a.

Aux termes de *l'article 33* a, tout fabricant, commissionnaire ou intermédiaire, faisant exécuter à domicile les travaux visés à *l'article 33*, doit en informer l'inspecteur du travail. L'inspecteur du travail qui doit être informé est celui dans la section duquel se trouve le siège de l'entreprise du fabricant, commissionnaire ou intermédiaire. L'inspecteur accuse réception de l'avis aux personnes ci-dessus désignées.

Les registres prévus par le même article portant les noms et adresses des ouvrières à domicile occupées par tout fabricant, commissionnaire ou intermédiaire n'ont pas une forme réglementaire ; mais ce sont des registres, c'est-à-dire des feuilles reliées et non des feuilles volantes. C'est un point essentiel pour la surveillance.

Les prix de façon payés pour les articles faits en série, que l'entrepreneur (fabricant, commissionnaire ou intermédiaire) doit afficher dans certains locaux (*art. 33* b), sont, ainsi que nous l'avons établi plus haut, les prix de façon nets, après déduction de la valeur des fournitures à la charge des ouvrières. Il est d'ailleurs nécessaire qu'il en soit ainsi pour l'application de *l'article 33* d et pour la comparaison avec les prix minima nets établis par les comités.

Mais on conçoit que, pour la commodité des opérations industrielles, les patrons affichent les prix de façon bruts qui déterminent les sommes à payer par eux et fassent figurer à côté, avec l'indication des fournitures à la charge de l'ouvrière, les prix de façon nets qui comportent une part d'appréciation, celle de la valeur des fournitures.

Pour les carnets à souche remis aux ouvrières, le texte de *l'article 33* c comporte : l'inscription des prix de façon bruts, de la valeur des fournitures et des prix de façon nets. La loi a toutefois satisfaction si l'on fait figurer clairement les deux premières indications.

Toutes ces formalités, ces mesures de contrôle sont nécessaires pour permettre à l'ouvrière de calculer son salaire net, de le comparer au minimum obligatoire et, le cas échéant, de faire valoir ses droits par une action civile, pour permettre aussi aux associations intéressées d'exercer l'action civile prévue par *l'article 33* k ; c'est pourquoi la loi en a garanti l'observation par des sanctions pénales.

Le législateur a attaché une grande importance aux mesures ayant pour objet d'organiser la publicité des salaires. Nous avons parlé déjà de la publicité prévue par les premier et dernier paragraphes de *l'article 33* h pour les salaires et tarifs constatés ou établis par les comités. La publicité des tarifs des entrepreneurs et intermédiaires, c'est-à-dire l'affichage dans certains locaux prévu par *l'article 33* b a une importance aussi grande. Non seulement elle facilite la comparaison avec les minima, mais quand les tarifs des comités ne comportent pas les mêmes articles, l'entrepreneur reculera devant l'affichage de tarifs notoirement insuffisants; les prix affichés seront le plus souvent des prix normaux.

Exception a été faite à l'obligation de l'affichage des prix de série par l'employeur, lorsque c'est au domicile privé de l'ouvrière que sont effectuées la remise et la réception des marchandises. Il n'était guère possible d'imposer l'affichage par l'employeur au domicile de l'ouvrière. Dans ces cas, la protection organisée par la loi se trouve évidemment diminuée. Il appartiendra aux inspecteurs de veiller avec un soin d'autant plus grand à l'observation des autres mesures de contrôle (1).

### ROLE DES INSPECTEURS DU TRAVAIL

Les inspecteurs du travail sont chargés d'assurer l'exécution des *articles 33* a, *33* b et *33* c. Ils disposent à cet effet de moyens de contrôle et de pouvoirs qu'ils tiennent tant de la loi nouvelle que des articles 105 à 107 du Livre II du Code du travail réglant leurs pouvoirs généraux. Ils ont entrée dans les locaux des entrepreneurs de travaux à domicile où attendent les ouvrières, et dans ceux où s'effectuent la remise des matières premières et la réception des marchandises après exécution ; ils peuvent se faire représenter les souches des bulletins et les registres d'ordre sur lesquels doivent être exactement reportées les mentions portées sur les bulletins ou carnets remis aux ouvrières ; enfin, les procès-verbaux qu'ils dressent pour constater les infractions aux *articles 33* a, *33* b et *33* c font foi jusqu'à preuve du contraire.

Ils ne devront pas attendre d'être saisis de plaintes pour exercer leur contrôle. Informés par les avis prévus à *l'article 33* a des noms et adresses des personnes faisant tra-

---

(1) Voir rapport Durafour, Chambre, session 1915, n° 1037, pages 9 et 10.

vailler à domicile, ils devront se transporter chez ces dernières pour s'assurer qu'elles se conforment exactement aux prescriptions relatives à l'enregistrement des ouvrières, à l'affichage des prix de façon et aux mentions à porter sur les bulletins à souche, carnets et registres d'ordre prévus par *l'article 33 c*. Ils devront vérifier si les prix nets de façon résultant de ces mentions ne sont pas inférieurs aux prix de façon affichés par les fabricants, commissionnaires ou intermédiaires. Ils devront, chez un certain nombre d'ouvrières, vérifier la concordance entre les indications portées sur les bulletins et carnets remis aux ouvrières et celles qu'ils ont relevées sur les souches et registres conservés par l'entrepreneur. Cette concordance constatée, leur contrôle n'est pas achevé; ils s'attacheront à s'assurer de la sincérité de ces indications. S'ils découvrent sur le bulletin ou carnet des mentions inexactes touchant notamment la quantité de travail, les prix de façon, la nature et la valeur des fournitures laissées à sa charge, etc., procès-verbal devra être dressé en vertu du dernier alinéa de *l'article 33 c*. Il va sans dire que pour l'application de la présente loi, comme pour celle des précédentes lois réglementant le travail, les inspecteurs, avant de dresser procès-verbal, devront expliquer aux intéressés leurs obligations, et que, dans les premiers mois, la sanction du procès-verbal devra être réservée aux abus particulièrement graves et aux contrevenants de mauvaise volonté.

La mission stricte des Inspecteurs du Travail est terminée quand ils ont contrôlé l'observation des prescriptions des *articles 33* a à *33* c par les entrepreneurs de travaux à domicile. Le texte légal ne les charge pas de vérifier si ces derniers respectent les minima fixés en vertu des *articles 33* d et *33* g. Tandis que la non concordance des prix de façon affichés, promis par les patrons, et des carnets à souches remis aux ouvrières est considérée comme une espèce de fraude poursuivie pénalement, le législateur a voulu que le respect du tarif minimum fut l'objet d'une action civile intentée par la partie lésée. Ce serait cependant interpréter la loi d'une façon trop étroite que de limiter la fonction des Inspecteurs du Travail à leur rôle d'agents verbalisateurs. Par les diverses formalités dont il leur a confié le contrôle, le législateur leur a donné le moyen pratique de comparer les prix réellement payés avec les minima Ils seront amenés par la force des choses à faire cette comparaison, et, en cas d'abus, à rappeler officieusement aux employeurs qu'ils agissent incorrectement et s'exposent à des actions civiles. Aussi bien les enquêtes auxquelles ils ont procédé depuis le début de la guerre au sujet des salaires payés aux ouvrières à domicile par les entrepreneurs travaillant pour l'armée les ont préparés à cette mission. Les résultats importants obtenus par leur action sont le gage de ce que l'on peut attendre à cet égard de leur activité, de leur tact et de leur dévouement.

Il est d'ailleurs un cas où les constatations des inspecteurs pourront avoir des suites tout au moins administratives, c'est lorsque les entrepreneurs exécuteraient des commandes de l'Etat, des départements, des communes, des établissements publics pour lesquelles l'application des décrets du 10 août 1899 aura été prévue. Dans ce cas, les inspecteurs auront le devoir de signaler les infractions relevées à l'administration intéressée, afin que celles-ci prenne à l'égard des entrepreneurs les sanctions prévues par lesdits décrets.

Enfin, les inspecteurs du travail devront, si on le leur demande, prêter leur concours aux préfets et aux comités de salaires et d'expertise pour l'application des autres prescriptions de la loi et notamment pour l'établissement des minima. Leur expérience générale en matière de travail, les nombreux renseignements qu'ils ont recueillis dans ces derniers mois touchant les salaires habituellement payés aux ouvrières à domicile de leur région leur permettront de donner des indications autorisées aux préfets et aux comités qui feront appel à leur collaboration.

*<br>* *

Je compte sur la diligence des préfets pour que la loi entre le plus tôt possible en application. Dès la réception de la présente circulaire, ils devront provoquer les démarches nécessaires pour l'institution, dans leur département, d'un comité de salaires : une besogne urgente s'impose immédiatement au comité, celle de fixer les salaires des ouvrières à domicile confectionnant des objets de vêtement et de lingerie pour l'armée ; il aura à s'occuper, en outre, des autres travaux à domicile exécutés habituellement dans la région.

Les préfets devront donner la plus grande publicité postible aux dispositions de la loi, notamment dans les localités ou régions où existent des agglomérations d'ouvrières à domicile. J'ai l'intention de leur faire parvenir prochainement à cet effet un certain [nombre d'affiches reproduisant le texte de la loi ; je tiens en outre à leur disposition des exemplaires de la présente circulaire.

De leur côté, les inspecteurs devront appeler l'attention des fabricants, commissionnaires ou intermédiaires qui, à leur connaissance, font exécuter des travaux de vêtement et de lingerie à domicile sur les obligations qui leur incombent en vertu de la loi nouvelle : ils ne devront pas attendre l'institution des comités de salaires et d'expertise pour tenir la main à l'exécution des *articles 33* a à *33* c, cette exécution n'étant pas liée à l'institution des comités.

J'attacherais du prix à être tenu au courant des mesures prises tant par les préfets que par les inspecteurs pour l'application de la loi.

*Le Ministre du Travail*
*et de la Prévoyance sociale,*

BIENVENU-MARTIN.

## III

**Règlement d'administration publique du 24 septembre 1915, relatif à l'application de la loi du 10 juillet 1915** (*publicité des décisions des Conseils et Comités; fonctionnement de la Commission centrale; dispositions financières*).

### TITRE Ier

PUBLICITÉ DES DÉCISIONS DES CONSEILS DU TRAVAIL, COMITÉS DÉPARTEMENTAUX DE SALAIRES ET COMITÉS PROFESSIONNELS D'EXPERTISE.

Article premier. — Les avis insérés au *Recueil des actes administratifs du département*, en vertu du paragraphe 1er de l'article 33 *h* du livre 1er du code du travail et de la prévoyance sociale, doivent indiquer :

*a*) Pour le taux de salaire quotidien et les minima fixés en vertu des articles 33 *e* et 33 *f* :

1° La désignation du conseil du travail ou du comité départemental de salaires qui a procédé à la fixation ;

2° La date à laquelle celle-ci a été faite ;

3° La région et la profession auxquelles elle s'applique ;

4° Le minimum de salaire quotidien pour une journée de dix heures de travail effectif, ou le minimum du salaire à l'heure.

*b*) Pour les tarifs établis en vertu de l'article 33 *g* :

1° La désignation du conseil du travail ou du comité professionnel d'expertise qui a établi le tarif ;

2° La date à laquelle ce tarif a été établi ;

3° Les professions et les régions auxquelles il s'applique ;

4° Pour chacun des articles fabriqués en série compris dans le tarif et pour chaque catégorie d'ouvrières envisagée, le nombre d'heures et de fractions d'heures de travail nécessaires à l'exécution de cet article, le prix minimum du salaire à l'heure visé sous le paragraphe *a*, 4° ci-dessus, et le mini mum de salaire aux pièces applicable à l'article, résultant de la multiplication des deux nombres précédents.

Art. 2. — Les avis doivent être insérés au *Recueil des actes administratifs* dans le mois qui suit l'envoi au préfet des indications prévues à l'article précédent, par le président du conseil du travail, du comité de salaires ou du comité professionnel d'expertise.

Un exemplaire du numéro est, dès sa publication envoyé par le préfet à chacune des mairies et à chacun des secrétariats ou greffes des conseils dé prud'hommes et des justices de paix de la région à laquelle s'applique l'avis; il est tenu sur place à la disposition du public. Deux exemplaires sont également adressés au ministre du Travail qui en tient registre et les communique sur place à toute personne qui en fait la demande.

Les feuillets du numéro ou un placard reproduisant le texte de l'avis sont, en outre, affichés dans les communes désignées à cet effet par le préfet, sur la proposition du conseil du travail, du comité de salaires ou du comité professionnel d'expertise.

## TITRE II

### FONCTIONNEMENT DE LA COMMISSION CENTRALE

Art. 3. — Le ministre du Travail provoque, par l'intermédiaire du garde des sceaux, ministre de la Justice, la désignation du membre de la cour de cassation, président de droit de la commission centrale et d'un membre de la même cour destiné à le suppléer en cas d'empêchement

Il désigne par arrêté pour trois années, l'enquêteur permanent de l'office du travail qui doit remplir les fonctions de secrétaire.

Il fait, en outre, procéder à l'élection, pour la même durée, de deux membres prud'hommes de la commission dans les conditions prévues par l'article ci-après.

La composition de la partie permanente de la commission est, par les soins du ministre du Travail, publiée au *Journal officiel* et au *Bulletin* du ministère du Travail.

Art. 4. — Pour l'élection du prud'homme patron, comme pour celle du prud'homme ouvrier, chaque conseil de prud'-hommes n'a droit qu'à un suffrage.

Les conseils de prud'hommes sont invités à prendre part à l'élection par une lettre recommandée adressée par le ministre du Travail au président de chaque conseil et fixant la date extrême à laquelle le vote des conseils doit parvenir au ministère du Travail. Il doit s'écouler au moins un mois entre cette date et la date d'envoi de la lettre précitée.

Le président de chaque conseil convoque les membres en assemblée générale pour l'élection. Le prud'homme patron est désigné par les membres patrons, le prud'homme ouvrier par les membres ouvriers, l'un et l'autre au scrutin secret. La majorité relative est suffisante au deuxième tour, à égalité de suffrages ; le bénéfice de la désignation est acquis au candidat le plus âgé. Le procès-verbal de l'assemblée faisant connaître les deux votes du conseil est transmis au ministre du Travail par le président.

Les votes des conseils de prud'hommes envoyés au ministre du Travail sont dépouillés, en présence du président de la commission centrale, dans les dix jours qui suivent la date extrême prévue au paragraphe 2 du présent article.

Sont proclamés élus par le ministre, le prud'homme patron et le prud'homme ouvrier qui ont réuni la majorité des suffrages exprimés par les conseils de prud'hommes; la majorité relative suffit dès le premier tour ; à égalité de suffrages, est désigné le candidat le plus âgé.

Les résultats des élections sont publiés au *Journal officiel* et au *Bulletin* du ministère du Travail.

Art. 5. — Dans les deux mois qui précèdent l'expiration du mandat des membres de la commission centrale, il sera procédé au renouvellement de ce mandat.

En cas de vacance par suite de décès, de démission ou de perte de la qualité de conseiller prud'homme, il sera procédé à une élection complémentaire dans le délai de deux mois, à moins qu'il n'y ait pas plus de trois mois à courir avant l'époque du prochain renouvellement triennal. Si l'élection complémentaire ne porte que sur un des deux délégués, le membre élu dans ces conditions ne demeure en fonctions que pendant la durée du mandat qui avait été confié à son prédécesseur.

Art. 6. — Chaque année, le ministre du Travail invite le préfet à convoquer le conseil du travail ou le comité départemental de salaires à nommer les délégués prévus à l'article 33 h de la loi. Les membres patrons, d'une part, les membres ouvriers, d'autre part, élisent respectivement, au scrutin secret, le délégué patron et le délégué ouvrier. L'élection a lieu au premier tour à la majorité absolue, au second tour à la majorité relative des suffrages exprimés. Le président de chaque collège informe des résultats de l'élection le ministre du Travail par l'intermédiaire du préfet. Si pour un délégué l'élection ne donne pas de résultat, le ministre procède à la désignation d'office.

Art. 7. — Un fonctionnaire du ministère du Travail est chargé de la tenue des écritures et de la conservation des archives de la commission en qualité de secrétaire.

Sur la demande du président, le ministre peut, en outre, pour une affaire déterminée, mettre à la disposition de la commission, en vue de procéder à toutes enquêtes et constatations, des inspecteurs du travail ou des enquêteurs de l'office du travail.

Art 8. — Les protestations élevées contre la décision d'un conseil du travail, d'un comité départemental de salaire ou d'un comité professionnel d'expertise ainsi que toutes pièces justificatives produites à l'appui des protestations, sont transmises au président de la commission centrale par l'intermédiaire du ministre du travail, qui en délivre récépissé. Les pièces justificatives, que la protestation émane du Gouvernement ou de tous autres intéressés, doivent être produites dans le délai de trois mois fixé par la loi pour le dépôt des protestations.

Les protestations et pièces justificatives sont enregistrées au fur et à mesure de leur transmission au président de la commission centrale, sur un registre spécial.

Art. 9. — Pour chaque affaire, le ministre du Travail notifie au président de la commission centrale les noms des délégués du conseil du travail ou du comité départemental de salaires, ainsi que les noms des deux représentants (patron et ouvrier) au conseil supérieur du travail de la profession intéressée.

Art. 10. — Le président désigne pour chaque affaire le rapporteur qui ne doit jamais être pris parmi les deux membres — patron et ouvrier — du conseil du travail ou du comité départemental de salaires qui a déterminé le salaire minimum.

Il fixe la date des réunions de la commission et la fait convoquer par le secrétaire.

Art. 11. — Les séances de la commission ne sont pas publiques.

Art. 12. — La procédure est exclusivement écrite.

La commission peut entendre toutes personnes qu'elle croit devoir appeler et ordonner toutes enquêtes, soit par un de ses membres, soit par un des inspecteurs du travail ou des enquêteurs de l'office du travail mis à sa disposition en vertu de l'article 7.

Art. 13. — Les décisions de la commission sont prises à la majorité des voix ; elles sont valables lorsque la moitié au moins des membres dont elle se compose sont présents au moment où elles sont prises.

Art. 14. — Chaque décision de la commission est portée sur un registre spécial qui est tenu à la disposition de toute personne qui en fait la demande.

Copie de chaque décision est en outre transmise dans les cinq jours au ministre du Travail qui la notifie en la forme administrative :

1º A l'auteur de la protestation.

2º Au président du conseil du travail, du comité départemental de salaires ou du comité professionnel d'expertise qui a rendu la décision attaquée ;

3° Au préfet qui fait procéder aux mêmes publications que celles qui ont été prescrites par l'article 2 ci-dessus.

Art. 15. — Un arrêté ministériel fixe le règlement intérieur de la commission.

## TITRE III

### DISPOSITIONS FINANCIÈRES

Art. 16. — Chaque année, le président soumet au ministre du Travail ses propositions motivées pour la fixation du crédit nécessaire au fonctionnement de la commission centrale.

Art. 17. — Les délégués à la commission centrale : des conseils du travail, des comités départementaux de salaires, du conseil supérieur du travail, des conseils de prud'hommes reçoivent, pour les réunions auxquelles ils prennent part, les indemnites ci-après :

Ceux qui habitent le département de la Seine :

Une indemnité de 10 francs pour chaque journée où ils assistent aux séances.

Ceux qui résident en dehors du département de la Seine :

1° Une indemnité de 15 francs par jour depuis la veille du jour où est appelée la première affaire jusqu'au lendemain du jour où est appelée la dernière affaire dans laquelle ils doivent siéger. Toute indemnité est suspendue pour la période pendant laquelle un membre n'a pas assisté aux séances à moins qu'il n'en ait été empêché par la maladie ;

2° Des frais de déplacement s'élevant à 18 centimes par kilomètre de la distance par voie ferrée entre Paris et la gare la plus voisine de la résidence.

Art. 18. — Le ministre du Travail et de la Prévoyance sociale et le ministre des Finances sont chargés de l'exécution du présent décret qui sera publié au *Journal officiel* de la République française et inséré au *Bulletin des lois*.

# TABLE DES MATIÈRES

# TABLE MÉTHODIQUE

## des Publications de l'Association nationale française
## pour la Protection Légale des Travailleurs

EN VENTE CHEZ F. ALCAN, éditeur, 108, boulevard St-Germain
et Marcel RIVIÈRE, 31, rue Jacob

### QUESTIONS GÉNÉRALES

**L'Association internationale pour la protection légale des travailleurs et sa section française,** par M. ANDRÉ LICHTENBERGER.

**De la sanction par l'autorité publique des accords entre chefs d'entreprises commerciales et industrielles pour l'amélioration des conditions du travail,** par MM. A. ARTAUD, membre du Conseil supérieur du Travail; MAURICE DESLANDRES, professeur à la Faculté de droit de l'Université de Dijon; JUSTIN GODART, député, 1912. — Une brochure, 80 p., in-16 (*Septième série* n° 3). — 1 fr.

### CONVENTIONS INTERNATIONALES DE TRAVAIL

**La Conférence officielle de Berne** (*Travail de nuit des femmes.* — *Emploi du phosphore blanc*), par M. A. MILLERAND, député, ancien ministre, 1905. — Une brochure, 20 p., in-16 (*Troisième série, n° 2*). — 0 fr. 60.

**La deuxième Conférence officielle de Berne** (*Travail de nuit des jeunes ouvriers.* — *Journée de 10 heures*), par M. A. MILLERAND, député, ancien ministre, 1913. — Une brochure, 51 p. in-16 (*Nouvelle série, n° 6*). — 1 franc.

### PROTECTION LÉGALE DES EMPLOYÉS

**La protection légale de l'employé et la réglementation du travail des magasins,** par M. A ARTAUD, membre du Conseil supérieur du Travail 1903. — Une brochure, 35 p., in-16 (*Première série, n° 5*). — 0 fr. 60.

**La réglementation légale de la durée du travail des employés,** par M. EDGARD DEPITRE, professeur à la Faculté de droit de l'Université de Lille. 1911. — Une brochure, in-16 (*Publications de la section du Nord. Sixième série bis*). — 1 fr. 50.

**Les Veillées dans le commerce,** par M. CHARLES VIENNET, secrétaire général du Syndicat des Employés du commerce et de l'industrie, 1911. — Une brochure, 49 p., in-16 (*Nouvelle série, n° 8*). — 1 franc.

*Cf.* QUESTIONS GÉNÉRALES (*Accords entre chefs d'entreprises*). — REPOS HEBDOMADAIRE (*Dérogations*).

## INDUSTRIE A DOMICILE

**La réglementation du travail en chambre,** par M. F. FAGNOT, enquêteur a l'Office du Travail, 1901. — Une brochure, 60 p , in-16 (*Première série, n° 7*). — **0 fr. 60**

**Le travail à domicile en France,** par MM. PAUL PIC et A. AMILUX, 1906 (*Rapport à l'Assemblée générale de Genève*). — **0 fr. 30**

**Le minimum de salaire dans l'Industrie à domicile,** par MM. B. RAYNAUD, professeur a la Faculté de droit de l'Université d'Aix-en-Provence; le comte A. DE MUN, député, l'abbé MAY, docteur en droit, 1912. — Un volume, 316 p , in-16 (*Septième série, n° 1*). — **2 fr. 50.**

**Le minimum de salaire dans l'Industrie du vêtement. — La loi du 10 Juillet 1915,** par M. RAOUL JAY, professeur a la Faculté de droit de l'Université de Paris, 1915. — Une brochure, 68 pages, in-16 (*Nouvelle série, n° 11*). — **0 fr. 50.**

*Cf.* AUXILIAIRES DE L'INSPECTION (*Ligue sociale d'acheteurs*)

## RÉGLEMENTATION DU TRAVAIL DANS LES MARCHÉS

### DE TRAVAUX PUBLICS

**L'application dans la région du Nord et la revision des décrets sur les conditions du travail dans les marchés des administrations publiques,** par MM. BARGERON, inspecteur du travail, et MASSON, président du Syndicat des typographes de Lille, 1908. — Une brochure, 90 p.. in-16 (*Publications de la section du Nord Cinquième série bis, n° 2*). - **1 franc.**

## LÉGISLATION DU TRAVAIL AUX COLONIES

**La protection des travailleurs indigènes aux colonies,** par M. RENÉ PINON, 1903. — Une brochure, 30 p , in 16 (*Première série, n° 8*). — **0 fr. 60.**

## TRAVAIL DES ENFANTS

**L'âge d'admission des enfants au travail industriel. — Le travail de demi-temps,** par M. FL. MARTIN-SAINT LEON, bibliothécaire du Musée social, 1903. — Une brochure, 13 p , in-16 (*Première série, n° 3*). — **0 fr. 60.**

**L'emploi des enfants dans les théâtres et cafés-concerts,** par M. RAOUL JAY, professeur a la Faculté de droit de l'Université de Paris, 1901. — Une brochure, 17 p , in-16 (*Première série, n° 9*). **0 fr. 60.**

**La protection légale des enfants occupés hors de l'Industrie. — I. La loi anglaise,** par M. Edouard DOLLÉANS, 1906. — Une brochure, 68 p. in-16 (*Troisième série, n° 1*). — **0 fr. 60.**

**La protection légale des enfants employés hors de l'Industrie. — II. La loi allemande,** par M. HENRY MOYSSET, 1906. — Une brochure, 60 p., in-16 (*Troisième série, n° 5*). — **0 fr. 60.**

**La protection légale des enfants occupés hors de l'Industrie.** — III. La situation en France, par MM G. MÉNY, PAUL GEMAHLING, M<sup>lle</sup> BLONDELU, MM GEORGES PIOT, RAOUL JAY, LÉON VIGNOLS, 1906. — Une brochure, 103 p. in-16 (*Troisième série, n°* ). — 0 fr. 60.

**Le travail de nuit des adolescents dans l'Industrie française,** par M. ER. MARTIN SAINT-LÉON, bibliothécaire du Musée social, 1906. — Une brochure, 55 p., in-16 (*Rapport présenté à l'Assemblée générale de Genève*). — 0 fr. 60.

**Le travail de nuit des enfants dans les usines à feu continu,** par M. F. FAGNOT, enquêteur à l'Office du Travail, 1908. — Une brochure, 56 p., in-16 (*Rapport présenté à l'Assemblée générale de Lucerne*). - 0 fr. 60.

**Le travail industriel des enfants,** par M. GEORGES ALFASSA, 1908. — Une brochure, 37 p., in-16 (*Rapport présenté à l'Assemblée générale de Lucerne*), — 0 fr. 60.

**Le travail de nuit des enfants dans les usines à feu continu,** par M. LÉVÊQUE, inspecteur du travail, 1909. — Une brochure, 48 p., in-16 (Publications de la section du Nord (*Sixième série bis, n° 2.*) — 0 fr. 60.

**Le travail de nuit des enfants dans les usines à feu continu,** par M. l'abbé LEMIRE, député, 1910. — Une brochure, 54 p., in-13 (*Sixième série, n° 4*). — 1 franc.

**La réduction du nombre des enfants employés la nuit dans les verreries,** par M. LÉVÊQUE, inspecteur du travail, 1911. — (Publications de la section du Nord. *Sixième série bis, n° 2*). — 1 fr. 60.

**La deuxième Conférence officielle de Berne** (*Travail de nuit des jeunes ouvriers,* — *Journée de 10 heures*), par M. A. MILLERAND, député, ancien ministre, 1913. — Une brochure, 51 p., in-16 (*Nouvelle série, n° 6*). — 1 franc.

*Cf.* — ACCIDENTS DU TRAVAIL.

## TRAVAIL DES FEMMES

**La protection légale des femmes avant et après l'accouchement,** par M. le docteur FAUQUET, 1903. — Une brochure, 29 p., in-16 (*Première série, n° 1*). — 0 fr. 60.

**La Conférence officielle de Berne** (*Travail de nuit des femmes*), par M. A. MILLERAND, député, 1903. — Une brochure, 20 p, in-16 (*Troisième série n° 2*). — 0 fr. 60.

**De l'extension de la loi du 29 décembre 1900 aux femmes employées dans l'Industrie,** par M<sup>me</sup> DE LA RUELLE, inspectrice du travail, 1906. — Une brochure, 36 p., in-16 (*Troisième série, n° 7*). — 0 fr. 60.

**La protection de la maternité ouvrière,** par MM. PAUL STRAUSS, sénateur, et LOUIS MARIN, député, 1912 — Une brochure, 100 p., in-16 (*Septième série, n° 2*). — 1 franc.

**La maternité ouvrière et sa protection légale en France,** par M<sup>me</sup> PAUL GEMAHLING, agrégée de l'Université, 1913. — Une brochure, in-16 (*Nouvelle série, n° 10*).

*Cf.* — INDUSTRIE A DOMICILE. — DURÉE DU TRAVAIL (*Deuxième Conférence officielle de Berne*).

## DURÉE DE LA JOURNÉE DE TRAVAIL

**La réglementation hebdomadaire de la durée du travail. — Le repos du samedi,** par MM. IVAN STROHL, industriel, et F. FAGNOT, enquêteur a l'Office du Travail, 1903. — Une brochure, 39 p , in-16 (*Première série, n° 2*). — 0 fr. 60.

**La réglementation de la durée du travail dans les mines,** par M l'abbé LEMIRE, député, 1901. — Une brochure, 44 p., in-16° (*Première série, n° 6*) — 0 fr. 60.

**La durée légale du travail. — Des modifications à apporter à la loi de 1900,** par MM. FAGNOT, enquêteur à l'Office du Travail; MILLERAND, député, et STROHL, industriel, 1905. — Un volume, 300 p., in-16 (*Deuxième série*). — 2 fr. 50.

**Le contrôle de la durée du travail,** par M. GEORGES ALFASSA, 1905, — Une brochure, 59 p., in-16 (*Troisième série, n° 3*). — 0 fr. 60.

**La limitation de la journée légale de travail en France,** par M. RAOUL JAY, professeur à la Faculté de droit de l'Université de Paris, 1906. — Une brochure, 92 p , in-16 (*Rapport à l'Assemblée générale de Genève.* — 0 fr. 60.

**L'organisation du travail dans les usines à feu continu,** par M. P. BOULIN, inspecteur divisionnaire du travail, 1912. — Une brochure, 48 p., in-16° (*Rapport présenté à l'Assemblée générale de Zurich*). — 1 fr.

**La réglementation du travail dans les usines à marche continue,** par M. F. FAGNOT, enquêteur à l Office du Travail, 1913 (*Nouvelle série, n° 1*). — 1 fr. 50.

**La deuxième Conférence officielle de Berne** (*Travail de nuit des jeunes ouvriers. — Journée de 10 heures pour les femmes et les jeunes ouvriers*), par M. A. MILLERAND, député, ancien ministre, 1913. — Une brochure, 51 p., in-16 (*Nouvelle série, n° 6*). — 1 franc.

*Cf.* PROTECTION LEGALE DES EMPLOYÉS.

## REPOS HEBDOMADAIRE et SEMAINE ANGLAISE

**La réglementation hebdomadaire de la durée du travail. — Le repos du samedi,** par MM. IVAN STROHL, industriel et F. FAGNOT, enquêteur a l'Office du Travail, 1903. — Une brochure, 39 p. in-16 (*Première série, n° 2*). - 0 fr. 60.

**Les dérogations au repos collectif du dimanche,** par M. PAUL AUBRIOT, député, 1911. — Une brochure, 104 p. in-16 (*Nouvelle série, n° *). — 1 franc.

**La Semaine anglaise. — Le repos de l'après-midi du samedi,** par M. RAOUL JAY, professeur à la Faculté de Droit de l Université de Paris, 1914. — Une brochure, 66 p. in-16 (*Nouvelle série, n° 9*). — 1 franc.

*Cf.* DURÉE DU TRAVAIL (*Modifications à la loi de 1900*).

## TRAVAIL DE NUIT

**Le travail de nuit dans les boulangeries**, par M. Justin GODART, député, 1910. — Une brochure, 47 p., in-16 (*Sixième série, n° 3*). — 0 fr. 60.

*Cf.* — Travail des enfants (*Usines à feu continu*). — Travail des femmes (*Conférence de Berne*) — Protection légale des employés (*Veillées*).

## HYGIÈNE ET SÉCURITÉ DES TRAVAILLEURS

**L'interdiction de la céruse dans l'industrie de la peinture,** par M. J. L. BRETON, député, 1905 — Une brochure, 50 p , in-16 (*Troisième série, n° 1*. — 0 fr. 60.

**La conférence officielle de Berne** (*emploi du phosphore blanc*), par M. A. MILLERAND, député, 1905. — Une brochure, 20 p., in-16 (*Troisième série, n° 2*,. — 0 fr. 60.

**Les poisons industriels,** par M. Georges ALFASSA, ingénieur E. C. P 1906. — Une brochure, 31 p., in-16 (*Rapport à l'Assemblée générale de Genève*). — 0 fr. 60.

**La réforme de la procédure de la mise en demeure, organisée par la loi du 12 juin 1893 - 11 juillet 1903, sur l'hygiène et la sécurité des travailleurs,** par M. E. BRIAT, membre du Conseil supérieur du Travail, 1910. — Un volume, 150 p., in-16 (*Sixième série, n° 2*). — 2 fr. 50.

**Les maladies professionnelles,** par M. J.-L. BRETON, député, 1911. — Une brochure, 101 p., in-16 (*Sixième série, n° 5*). — 1 fr.

**La réglementation des conditions de sécurité et d'hygiène dans les chantiers de construction,** par BERNARD DÉCAILLY, inspecteur départemental du travail à Lille, 1913. — Une brochure, 90 p., in-16. Publication de la section du Nord. (*Nouvelle série, n° 5*), — 1 franc.

*Cf.* Travail des femmes (*Maternité*).

## ACCIDENTS DU TRAVAIL

**L'Assurance ouvrière et les ouvriers étrangers,** par M. Henri BARRAULT, 1906. — Une brochure, 10 p., in-16 (*Rapport à l'Assemblée générale de Genève*). — 0 fr. 10.

**La réalisation de l'égalité entre nationaux et étrangers, au point de vue de l'indemnisation des accidents du travail par voie de convention internationale** par M. A. BOISSARD, 1908. — Une brochure, 10 p., in-16 (*Rapport à l'Assemblée générale de Lucerne*).— 0 fr. 10.

**Les accidents du travail dans l'agriculture,** par M. Henri CAPITANT, professeur à la Faculté de droit de l'Université de Paris, 1900. — Un volume, 112 p., in-16 (*Cinquième série, n° 6*). — 1 fr. 75.

**La prévention des accidents sur les voies ferrées des usines,** par M. LÉVÊQUE, inspecteur du travail, 1909. — Une brochure, 33 p., in-16 (Publication de la section du Nord. *Cinquième série bis, n° 4*). — 0 fr 60.

**Les accidents du travail survenus aux enfants âgés de moins de treize ans,** par M. Henri CAPITANT, professeur à la Faculté de droit de l'Université de Paris, 1913. — Une brochure, 53 p., in-16 (*Nouvelle série n° 3*). — 1 fr.

## PROTECTION DU SALAIRE

**La loi du 7 mars 1850 et le mesurage du travail à la tâche,** par M A. BOISSARD, 1908. — Une brochure, 86 p , in-16 (*Cinquième série, n° 2*). — 0 fr 60.

**La saisie-arrêt des salaires et traitements,** par M. CHARLES GUER-NIER, professeur a la Faculté de droit de Lille, depute d'Ille-et-Vilaine, 1913. — Une brochure, 47 p , in-16 (*Nouvelle série, n° 2*). — 1 fr.

*Cf.* — INDUSTRIE A DOMICILE (*Minimum de salaire*).

## CONTRAT DE TRAVAIL

**Le contrat de travail** (*Examen du projet de loi du gouvernement sur le contrat individuel et la convention collective*, par MM PERREAU, professeur a la Faculté de droit de l'Université de Paris, et F. FAGNOT, enquêteur a l'Office du Travail, 1907 — Un volume, 216 p , in-16 (*Quatrième série*). — 3 fr. 50.

**Le contrat de travail et le Code civil** (*Examen des textes que la Commission du Travail de la Chambre des députés propose d'introduire dans le Code civil*), par MM. PERREAU, professeur a la Faculté de droit de l'Université de Paris, et GROUSSIER, depute, 1908 — Un volume, 261 p , in-16 (*Cinquième série, n° 3*. — 3 fr. 50

**La Réglementation légale de la Convention collective de Travail,** par M. ARTHUR GROUSSIER, depute, 1913. — Une brochure, 138 p. in-16 (*Nouvelle série, n° 1*). — 1 fr. 50.

## CONFLITS DU TRAVAIL

**La grève et l'organisation ouvrière,** par M. A MILLERAND, député, 1906 — Une brochure, 18 p , in-16 (*Troisième série, n° 8*). — 0 fr. 60.

**La conciliation dans les conflits collectifs et les travaux de la section du Nord de l'Association,** par M. AFTALION, professeur a la Faculté de droit de l'Université de Lille, 1908. — Une brochure, 168 p , in-16 (*Cinquième série, n° 1*). — 0 fr. 60

**Le règlement amiable des conflits du travail,** par MM. AFTALION, professeur à la Faculté de droit de l'Université de Lille, ARQUEMBOURG, ingénieur des arts et manufactures, et FAGNOT, enquêteur a l'Office du Travail, 1911. — Un volume 249 p , in-16 (*Sixième série, n° 7*). — 2 fr. 50

## CHOMAGE

**Les caisses de chômage,** par M. ch DE LAUWEREINS DE ROOSEN-DAELE, docteur en droit, 1907 — (*Publications de la section du Nord. Cinquième série bis, n° 1*). — 1 fr.

**La lutte contre le chômage dans le Nord,** par M. Ch. DE LAU-WEREINS DE ROOSENDAELE, docteur en droit, 1910 — Une brochure, 56 p., in-16 — Publications de la section du Nord *Cinquième série bis, n° 5* — 1 fr.

**Les problèmes du chômage,** par MM F. FAGNOT, enquêteur a l'Office du Travail; MAX LAZARD, Docteur en droit, et LOUIS VARLEZ, Président de la Bourse du Travail et du Fonds de Chômage de Gand, 1910 — Un volume, 213 p , in-16 *Sixième série, n° 1*) — 2 fr. 50

## PLACEMENT

**Le placement et sa réorganisation,** par MM. Alfred DODANTHUN et Ch. DE LAUWEREYNS DE ROOSENDAELE, Docteurs en droit, 1912. — Une brochure, 79 p , in-16. (Publications de la section du Nord. *Sixième série bis* n° 3). — 1 fr. 50.

## CONSEILS DE PRUD'HOMMES

**Les demandes reconventionnelles devant le Conseil des prud'hommes,** par M. E. BRIAT, membre du Conseil supérieur du Travail, 1911. — Une brochure, 34 p , in-16 (*Sixième série*, n° 6). — 1 franc.

## INSPECTION DU TRAVAIL

**La réforme de l'inspection du travail en France,** par M. Eugène PETIT, avocat à la Cour d'Appel de Paris, 1909. — Un volume, 208 p , in-16 (*Cinquième série*, n° 4). — 3 fr. 50.

    *Cf* Durée du travail (*Contrôle*), Hygiène et sécurité (*Mise en demeure*).

## AUXILIAIRES DE L'INSPECTION DU TRAVAIL

**La Ligue sociale d'acheteurs,** par Mme Jean BRUNHES, 1903. — Une brochure, 36 p., in-16 (*Première série,* n° 4). — 0 fr. 60.

**Le droit de citation directe pour les associations,** par M. Henri HAYEM, 1904. — Une brochure, 21 p , in-16 (*Première série,* n° 10). — 0 fr. 60

**Collaboration des ouvriers organisés à l'œuvre de l'inspection du travail,** par M. Henri LORIN, 1909. — Un volume, 174 p., in-16 (*Cinquième série,* n° 5) — 1 fr. 75.

# PUBLICATIONS

## DE

# l'Association Internationale pour la Protection Légale des Travailleurs

---

## PUBLIÉ PAR LE BUREAU DE L'ASSOCIATION INTERNATIONALE
### POUR LA PROTECTION LÉGALE DES TRAVAILLEURS

*Président* : Henri Scherrer, conseiller d'Etat, à Saint-Gall ; *Vice-Président* : Adrien Lachenal, ancien conseiller fédéral ; *Secrétaire général* : Stéphan Bauer, professeur à l'Université de Bâle.

---

N° 1. — **L'Association internationale pour la Protection légale des Travailleurs.** — Assemblée constitutive tenue à Bâle les 27 et 28 septembre 1901. — Rapports et compte rendu des séances. — 1 vol. 270 p. Prix : 5 fr.

N° 2. — Compte rendu de la 2ᵉ assemblée générale du Comité de l'Association internationale pour la Protection légale des Travailleurs, tenue à Cologne les 26 et 27 septembre 1902, suivi de rapports annuels de l'Association internationale et de l'Office international du Travail. 1903. — 1 vol., 82 p. Prix : 2 fr.

N° 3. — Compte rendu de la 3ᵉ assemblée générale du Comité de l'Association internationale pour la Protection légale des Travailleurs, tenue à Bâle les 26, 27 et 28 septembre 1904, suivi de rapports annuels de l'Association internationale et de l'Office international du Travail. 1905. — 1 vol., 176 p. Prix : 4 fr.

N° 4. — **Deux mémoires présentés aux Gouvernements des Etats industriels en vue de la convocation d'une Conférence internationale de protection ouvrière.** — I. Mémoire explicatif sur les bases d'une interdiction internationale du travail de nuit des femmes. — II. Mémoire explicatif sur l'interdiction de l'emploi du phosphore blanc dans l'industrie des allumettes. 1905. — 1 vol., 49 p. PRIX : 2 fr. 50.

**N° 5.** — Compte rendu de la 4ᵉ assemblée générale du Comité de l'Association internationale pour la Protection légale des Travailleurs, tenue à Genève les 26, 27, 28 et 29 septembre 1906, suivi des rapports annuels de l'Association internationale et de l'Office international du Travail. 1907. — 1 vol., 163 p. PRIX : 4 fr.

**N° 6.** — Compte rendu de la 5ᵉ assemblée générale du Comité de l'Association internationale pour la Protection légale des Travailleurs, tenue à Lucerne les 28, 29 et 30 septembre 1908, suivi des rapports annuels de l'Association internationale et de l'Office international du Travail. 1909. — 1 vol., 216 p. PRIX : 5 fr.

**N° 7.** — Compte rendu de la 6ᵉ assemblée générale du Comité de l'Association internationale pour la Protection légale des Travailleurs, tenue à Lugano les 26, 27 et 28 septembre 1910, suivi des rapports annuels de l'Association internationale et de l'Office international du Travail. 1910. — 1 vol., 103 p. PRIX : 5 fr.

**Les Industries insalubres.** — Rapport sur leurs dangers et les moyens de les prevenir, particulièrement dans l'industrie des allumettes et celles qui fabriquent ou emploient des couleurs de plomb. Publié au nom de l'Association internationale et précédé d'une préface par St. BAUER, professeur à l'Université de Bâle, directeur de l'Office international du Travail. 1903. — 1 vol., 460 p. PRIX : 7 fr. 50.

**Le Travail de nuit des femmes dans l'industrie.** — Rapports sur son importance et sa réglementation légale. Publiés au nom de l'Association internationale et précédés d'une préface par St. BAUER, professeur à l'Université de Bâle, directeur de l'Office international du Travail. 1903. — 1 vol., 384 p. PRIX : 6 fr.

**Rapport comparatif sur l'application des lois ouvrières.** — Publié par l'Office international du Travail à Bâle. Tome 1. L'Inspection du Travail en Europe. 1910.

## OUVRAGES NON MIS EN VENTE :

**Association pour la Protection légale des Travailleurs. Concours
international pour la lutte contre le saturnisme.**

**Les Fonderies de plomb,** par M. Boulin, inspecteur divisionnaire
du Travail à Lille. Ouvrage couronné.
*(Extrait du Bulletin de l'Inspection du Travail, 1906, n<sup>os</sup> 5 et 6).*

**Le Saturnisme dans la typographie,** par M. Ducrot, ancien
élève de l'Ecole polytechnique. Ouvrage couronné.
*(Extrait du Bulletin de l'Inspection du Travail, 1906, n<sup>os</sup> 5 et 6).*

**L'Association internationale pour la Protection légale des
Travailleurs et l'Office international du Travail, 1901-1910. —
Origines. — Organisations. — Œuvre réalisée. — Documents. —
Rapport présenté au Congrès mondial des associations internatio-
nales (Bruxelles, mai 1910), par S. Bauer,** secrétaire général de
l'Association internationale pour la Protection légale des Travailleurs, directeur de l'Office international du Travail, professeur à
l'Université de Bâle. Bruxelles 1910 *(épuisé).*

---

Orléans. — Imp. Auguste GOUT & C<sup>ie</sup>,

# Publications de l'Association Nationale Française pour la Protection Légale des Travailleurs

## EN VENTE CHEZ F. ALCAN, éditeur, 108, boulevard Saint-Germain
## et Marcel RIVIÈRE, 31, rue Jacob

### PREMIÈRE SÉRIE

*L'Association pour la protection légale,* par M. André LICHTENBERGER.

I. *La protection légale des femmes av. et ap l'accouchement.* — Rap. de M. le Dr FAUQUET.

II. *La réglementation hebdomadaire de la durée du travail. — Le repos du samedi.* — Rapports de M. Ivan STROHL, industriel, et de M. FAGNOT, de l'Office du travail.

III. *L'âge d'admission des enfants au travail industriel. · Le travail de demi-temps.* — Rapport de M. Et. MARTIN-SAINT-LÉON.

IV. *La ligue sociale d'acheteurs.* — Rapport de Mme Jean BRUNHES.

V. *La protection légale de l'employé et la réglementation du travail des magasins* — Rapport de M. A. ARTAUD.

VI. *La réglementation de la durée du travail dans les mines.* — Rap. de M. l'abbé LEMIRE.

VII. *La réglementation du travail en chambre.* — Rap. de M. FAGNOT, de l'Office du travail.

VIII. *La protection des travailleurs indigènes aux colonies.* — Rapport de M. René PINON.

IX. *L'emploi des enfants dans les théâtres et cafés-concerts.* — Rapport de M. Raoul JAY.

X. *Le droit de citation directe pour les Associations.* — Rapport de M. Henri HAYEM.

Chaque br. : 0 fr. 60. L'ensemble de ces broch. forme un vol. de 3 f. 50 sous le titre :

## LA PROTECTION LÉGALE DES TRAVAILLEURS

### DEUXIÈME SÉRIE

**LA DURÉE LÉGALE DU TRAVAIL.** — *Des modifications a apporter à la loi de 1900.* — Rapports de MM. FAGNOT, MILLERAND et STROHL. — 1 vol., 2 fr. 50.

### TROISIÈME SÉRIE

I. *L'interdiction de la ceruse dans l'indust. de la peinture.* — Rap de M. BRETON, député.

II. *La Conférence officielle de Berne.* — Rap. de M. MILLERAND, présid. de l'Association.

III. *Le Contrôle de la durée du travail.* — Rapport de M. Georges ALFASSA.

IV. *La protection légale des enfants occupés hors de l'industrie. — I. La loi anglaise.* — Rapport de M. Édouard DOLLÉANS.

V. *La protection légale des enfants occupés hors de l'industrie. — II. La loi allemande.* — Rapport de M. Henry MOYSSET.

VI. *La Protection légale des enfants occupés hors de l'industrie en France. — III. La Situation en France.* — Communications de MM. l'abbé MEAU, GEMÄHLING, Mlle BLONDEL, MM. Georges PIOT, Raoul JAY, Léon VIGNOLS.

## PUBLICATIONS DE L'ASSOCIATION NATIONALE FRANÇAISE

VII. *De l'extension de la loi du 29 décembre 1900 aux femmes employées dans l'industrie.*
— Rapport de M⁻ᵉ DE LA RIELLE, inspectrice du travail
VIII. *La grève et l'organisation ouvrière.* — Communication de M. A. MILLERAND, président de l'Association.
Chaque br. : 0 f. 60. L'ensemble de ces broch. forme un vol de 3 f. 50 sous le titre

**LA PROTECTION LÉGALE DES TRAVAILLEURS. — 3ᵉ série (1905-1906)**

*Rapports présentés au Congrès de Lucerne (1908) par la Section française*

*Le travail de nuit des adolescents dans l'industrie française.* — Rapport de M. MARTIN-SAINT-LÉON. — Brochure, 0 fr 60.
*Les poisons industriels* — Rapport de M. Georges ALFASSA. — Brochure, 0 fr. 60.
*L'assurance ouvrière et les ouvriers étrangers.* — Rap. de M. H. BARRAULT. — Br.,0 f. 10.
*La limitation légale de la journée de travail en France.* — Rap. de M. R. JAY. — Br.,0 f. 60.
*Le travail à domicile en France.* — Rapport de MM. Paul Pic et A. AMIEUX. — Br., 0 fr. 30.

### QUATRIÈME SÉRIE

**LE CONTRAT DE TRAVAIL** (Examen du projet de loi du Gouvernement). — Rapports de M. PERREAU, professeur à la Faculté de Droit de Paris, et de M. FAGNOT, enquêteur au ministère du Travail. — 1 volume, 3 fr. 50

*Rapports présentés à l'Assemblée de Genève (1906) par la Section française*

*Le travail de nuit des enfants dans les usines à feu continu.* — Rapport de M. F. FAGNOT. — Br., 0 fr. 60.
*Le travail industriel des enfants.* — Rapport de M. Georges ALFASSA — Br. 0 fr. 60.
*La réalisation de l'égalité entre nationaux et étrangers.* — Rapport de M. A. BOISSARD. — Br. 0 fr. 10.

### CINQUIÈME SÉRIE

I. *La Conciliation dans les conflits collectifs et les travaux de la section du Nord de l'Association* — Rap. de M. AFTALION — Brochure, 0 fr. 60.
II. *La loi du 7 mars 1850 et le Mesurage du travail à la tâche.* — Rapport de M. Ad BOISSARD. — Brochure, 0 fr. 60.
III. *Le Contrat de travail et le Code civil.* — Rapports de MM. PERREAU et GROUSSIER. — 1 volume, 3 fr. 50
IV. *La Réforme de l'inspection du travail en France.* — Rapport de M. Eugène PETIT. — 1 volume, 3 fr. 50.
V. *Collaboration des ouvriers organisés à l'œuvre de l'inspection du travail.* — Rapport de M. Henri FOURS — 1 volume, 1 fr. 75.
VI. *Les Accidents du Travail dans l'Agriculture.* — Rapport de M. Henri CAPITANT. — 1 volume, 1 fr. 75.

--------------- •O• ---------------

www.ingramcontent.com/pod-product-compliance
Lightning Source LLC
Chambersburg PA
CBHW051555050726
47595CB00002B/782

# LES
# GRANDS ÉVÉNEMENS
## DE
# LA FRANCE.

# LES GRANDS ÉVÉNEMENS

## DE

# LA FRANCE,

PRÉVUS ET DÉVOILÉS PAR UN SAGE ESPAGNOL, DÈS L'AN 1813,

OU

SENTIMENT D'UN COLONEL DE CETTE NATION

Sur la chûte prématurée de Napoléon, le rétablissement des Louis sur le trône de France, et ce qui serait le plus propre dans un bon prince à faire le bonheur des peuples et procurer l'unité de religion.

*Non ignora mali, miseris succurrere disco.*
Eneid., lib. I.

## A PARIS,

Chez
{
CHANSON, Imprimeur-Lib., rue des Mathurins, n° 10;
ROSA, Libraire, grande cour du Palais-Royal;
LE NORMANT, rue de Seine, n° 8;
PILLET, rue Christine, n° 5;
DENTU, au Palais-Royal, galerie de bois.
}

1814.

# PRÉFACE.

---

Iʟ ne faut pas croire que tout ce que nous avançons dans cet ouvrage soit invention : il est certain que l'année dernière j'ai fait un voyage aux Basses-Pyrénées ; qu'en m'approchant vers le midi, entre le Mont-de-Marsan et Ortez, petite ville qui n'est pas très-loin de Bayonne, je me suis arrêté dans un grand village que les habitans nomment Saint-Sever. Il est de même vrai que je me suis promené le long d'un fleuve qui coule au pied d'une grande hauteur, en avant de laquelle se trouve bâti ce village; que je me suis extasié à la belle vue, aux charmans sites que m'offraient cette heureuse contrée; que j'y vis un berger, et conversai pour ainsi dire avec un capitaine d'un grade supérieur. Sans assurer précisément tout ce que j'avance par la bouche de mon *colonel-pâtre,* ce qu'il me dit a donc quelque chose du caractère de la vérité.

Les regrets que j'ai en donnant cette brochure, c'est de n'avoir pas eu le temps de l'écrire avec tout le soin que mérite la première production que l'on offre au Public. J'aurais encore beaucoup à dire sur le peu que j'avance. Comme j'ose croire que ce n'est pas à la répétition d'un verbe ou d'un que relatif qui peuvent vous échapper dans le feu d'une composition trop précipitée qu'on doive précisément attacher le grand talent, et que d'ailleurs ces taches, qui ne seraient pas excusables en tout autre motif que celui-là, n'empêcheront jamais de bien voir ce que peut un écrivain, et quels sont ses sentimens, c'est donc avec confiance que je me détermine promptement à donner ces réflexions au Public. Puisse-t-il les voir avec le même intérêt que je porte à lui devenir un jour utile! Si les vœux que je fais depuis long-temps pour son bonheur et celui de tous les hommes en général s'accomplissent, il est sûr qu'il peut commencer à se réjouir, voir devant soi une perspective bien différente de celle qu'il

pouvait espérer sous le règne de Buonaparte , et compter déjà sur la plus douce
félicité, le plus grand charme d'une vie
heureuse, et des jouissances et des plaisirs
sans fin.

# LES
# GRANDS ÉVÉNEMENS
## DE
## LA FRANCE.

## QUELQUES MOTS A MON AMI,

### POUR SERVIR D'INTRODUCTION.

ENFIN il est arrivé, cher Jules, ce moment
heureux où je puis t'écrire ce que tu me demandes avec tant d'impatience !... Joie, bonheur, plaisir à toute la France !... Le sacré
sang des Louis va pourtant rentrer dans ses
droits, et prendre possession d'un trône

qu'il occupa sans cesse avec tant de justice et d'aménité... Quel beau jour ! Qu'il est heureux pour les cœurs sensibles qui connaissaient tout le prix de ce que nous avions perdu ! France, réjouis-toi ! Harpe sainte de David, communique à tous les cœurs français l'allégresse de tes chants ! Le nuage épais qui nous couvrait depuis un si long terme s'est enfin dissipé. Plus de chaînes pour l'empire des Clovis !... Oiseaux de ces aimables contrées, poissons de ces profonds étangs, animaux de chaque espèce ; toi, superbe coursier, toi, pacifique agneau, vous tous encore qui reçûtes le souffle de vie, et vous aussi qui ne le reçûtes pas, êtres inanimés, soleil, aimable compagne de la nuit, étoile du matin, ruisseaux limpides, sombres forêts, verts feuillages, rians zéphyrs, réjouissez-vous. Déjà je ne vous connais plus. Comme la France, vous allez sans doute en votre genre éprouver mille changemens nouveaux. Qu'ai-je dit ? vous l'avez déjà fait ; déjà vous me paraissez tout autres... Mais que fais-je

moi-même, aimable Jules? Où vient de m'é-
garer l'excès de ma joie? Ah! revenons.

Oui, mon bon ami, oui le moment est
arrivé, et ce n'est qu'à présent l'époque à
laquelle je devais t'écrire la conversation que
j'eus avec cet Espagnol sur les rians côteaux
de Saint-Sever. Oh! il est impossible de se
rappeler l'entretien de ce sage, sans admiration. Quelle surprise en effet lorsque je vois
se réaliser pour ainsi dire tout ce qu'il m'a
dit! Si j'étais habitant du Canada, de la Flo-
ride ou plutôt des rives du Meschacebé,
pourrais-je douter que ce ne fût autre chose
que le Saint-Esprit des antiques forêts de ces
contrées qui m'aurait parlé par la bouche
d'un mortel. « O grand Esprit, ce ne peut
» être que toi qui m'entretint par l'organe
» de ce sage étranger. Tu m'annonçais la
» chûte prématurée de Napoléon, le rétablis-
» sement des Louis sur le trône de France.
» Eh! peut-être que tu m'as encore plus dit;
» peut-être qu'un jour se réaliseront les
» sages paroles que tu me communiquas sur

» ce qui pourrait faire le véritable bonheur
» des hommes, et les réunir tous sous la
» même bannière des lois sacrées de la plus
» sainte des religions. Qu'il serait beau sans
» doute de voir l'univers soumis au même
» culte et n'adorant qu'un même Dieu! Nous
» n'avons qu'une religion, me dis-tu, qui
» puisse être la seule vraie, la seule sans er-
» reur, et c'est celle qui nous assure, si
» nous en suivons véritablement l'esprit,
» une félicité sans fin pendant le court
» voyage de notre vie, et même après notre
» mort. Mais tu ne voulais pas que ce fût le
» prix du sang : c'est par la douceur du
» long règne que quelques sages princes
» feraient goûter à leurs peuples qu'on y
» parviendrait avec facilité. Oh! que me dis-
» tu, grand génie? les princes dont tu me
» parlas, l'univers les a trouvés; il les pos-
» sède dans son sein. Ils ont au-delà du
» mérite et des qualités que tu leur désires;
» étroitement liés, ils sont unis avec toutes
» les Puissances : ils pourraient donc com-

» mencer ce grand ouvrage en rétablissant
» le règne des Louis. O Saint-Esprit de ces
» antiques forêts, Alexandre et les Puissan-
» ces coalisées ne veulent que la paix et la
» tranquillité de tout le genre humain; eux
» donc pourront remplir tes vœux. Dispose
» les hommes qui n'y voient pas, comme
» je suis certain que leurs cœurs s'y trou-
» vent disposés ».

Voilà, cher Jules, les paroles que je ne
pourrais m'empêcher d'adresser à celui que
je croirais sage et tout-puissant, comme le
croient les sauvages des contrées dont je
viens de te parler. O trop sensible ami!
plein d'amour pour les hommes, pleurant
sur leurs faiblesses et ne désirant que leur
bonheur, je ne doutai jamais combien tu
ressentirais de plaisir en lisant l'entretien
que j'eus, dans mon voyage aux Pyrénées,
avec ce colonel espagnol, réduit à garder
les troupeaux. Ton âme, dont les hauts sentimens sont au-dessus de tout ce que je
puis connaître, quoiqu'au printemps de son

existence, aime à s'occuper de choses grandes et qui puissent intéresser l'humanité.
Qu'il est beau, qu'il est consolant, qu'il est
précieux surtout, aimable ami, de pouvoir
se dire à la fin de sa carrière : « Le voyage
» de ma vie fut court, mais j'en employai
» tous les instans à travailler pour mes frè-
» res, pour les hommes en général » !

O bon Jules ! je vais donc commencer à
t'écrire cet entretien ou plutôt ce récit que
tu m'as semblé tant désirer. Comme, avant
d'en venir au but principal, il faut que je
t'instruise de bien des choses, je le diviserai
par chapitres, et chaque chapitre traitera
d'une chose particulière.

# CHAPITRE PREMIER.

## *De la Captivité d'un Espagnol, ou le Colonel-Pâtre.*

Transportons-nous sur-le-champ, aimable Jules, dans cette heureuse contrée où je vis pour la première et la dernière fois le sage Espagnol. Ce souvenir m'attendrit. Je sens que mon pauvre cœur ne pourra se le rappeler sans verser quelques larmes. Mais qu'importe, il faut que je t'écrive cette petite circonstance de mon voyage. Me voici sur la route de Bayonne et d'Espagne avec notre cher S.... Trois jours viennent de s'écouler depuis que nous avons quitté notre ville de B....... Il est maintenant onze heures du matin. Marchant de front vers le midi, nous avons devant nous, mais bien loin encore, ces hautes montagnes qu'on nomme Pyrénées, et qui séparent l'Espagne de la France. Cette image de la grandeur la plus parfaite du Très-Haut se promène en pompe au-dessus de nos têtes. Comme son disque est radieux! Nous sommes en octobre, mais il ne laisse pas encore que d'être assez chaud. Que cette contrée offre d'agrémens! Tous les lieux sur lesquels nous portons nos regards sont encore frais et couverts de fertiles paysages. « Ne dirait-on pas que nous sommes ici dans le plus beau du printemps? dis-je à N.... Quel est le nom de cet endroit que nous avons vis-à-vis nous ? Voici une bien belle côte qui paraît former le trident. — Je crois que c'est celle de Saint-Sever, me répondit N.... — Il faut que son terroir en soit bien bon, repris-je, car elle est couverte des plus beaux sites. Mais le village, qu'on dit être assez grand, ne paraît pas ? — C'est qu'il est bâti très-avant de la hauteur, me dit-il encore. En effet, et c'est sans doute, cher Jules, la raison pour laquelle on ne peut pas en apercevoir les maisons depuis la grande route. Oh! dis-je à N...., en portant mes regards sur une superbe prairie que j'avais à ma droite et sur le fleuve qui coule au pied de la hauteur, comme c'est joli! quel charmant spectacle ! Vois la fraîcheur de ce gazon, les rameaux de tous ces arbres s'entrelaçant les uns les autres sur le penchant de cette colline, et le cours des tranquilles eaux de ce fleuve. Ah! je ne puis voir tant de beautés avec indifférence. Descendons de cheval».

A l'instant je mis pied à terre, et nous descendîmes dans la prairie; nous côtoyâmes assez long-temps ensemble le fleuve qui coule au pied de la côte. S...., qui se trouvait blessé par une de ses bottes, apercevant deux enfans qui s'amusaient à jouer, fut s'asseoir auprès d'eux. Comme je vis qu'il prenait plaisir à les questionner, je continuai a côtoyer le fleuve, portant mes regards de tous les côtés, et aussi loin que je le pouvais. Plus je m'écartais de N.... et m'éloignais du chemin, plus j'apercevais de nouvelles beautés. La tranquillité de cette contrée, le petit murmure du fleuve dont les eaux roulaient sur un gravier tout blanc, l'aimable souffle du zéphyr, qui venait me porter l'odorat de quelques fleurs des alentours, et le plaisir de voir une si belle verdure, de si rians côteaux, tant de sites divers réunissant tous les agrémens désirables, me plongèrent dans une douce rêverie, et me firent oublier assez long-temps. Tu n'ignores pas, cher Jules, les charmes qu'ont toujours eus pour moi les lieux tranquilles, un beau ciel, de belles campagnes, et même la vie de ces hommes qu'on méprise sottement, et dont la paix du cœur est bien préférable à tous les attraits de nos brillantes sociétés. J'en étais à-peu-près à de semblables réflexions, lorsque j'ouïs les sons d'une flûte. Je m'arrêtai alors tout-à-coup. Je portai mes regards vis-à-vis moi, et j'aperçus un troupeau qui paissait au haut de la colline. Comme je ne voyais point le pâtre, et que celui qui venait de jouer m'avait démontré savoir la musique, par l'air dont mon ouïe venait d'être frappée, je me mis à prêter de nouveau l'oreille, mais je n'entendis plus rien. Je cherchai pourtant à voir le conducteur, car il me paraissait surprenant qu'un berger de ces contrées connût la musique. Mes efforts furent vains : je n'aperçus que le troupeau, que je me plus à regarder paître assez long-temps. Je m'en retournai ensuite vers N...., l'imagination assez frappée du berger que je n'avais pas vu.

Bientôt je joignis ce cher compagnon. Il était déjà près de deux heures. Nous fûmes reprendre nos-chevaux, et nous convînmes que nous coucherions à Saint-Sever. En peu de temps nous eûmes. gravi le chemin qui conduit à la ville. Ce chemin va pour ainsi dire toujours en tournant, à prendre depuis le pont. Vers le milieu l'on y trouve une fontaine assez jolie. Notre plus pressant, en arrivant à l'auberge, fut de faire soigner nos chevaux et de demander à dîner. A cinq heures notre repas fut pris. N.... ne voulut pas sortir, à cause des souffrances que lui occasionnait sa botte. Pour moi je visitai le village, et m'allai promener un peu sur les bords de la fertile côte dont je t'ai parlé. Le hasard me conduisit bien. Je gagnai un chemin qui dirigea mes pas vers l'occident de la ville. Au-delà de ce chemin j'en vis plusieurs autres, beaucoup de jardins, et devant moi une vaste prairie qui m'invitait à la traverser par la beauté de son gazon et la vue qu'elle semblait m'offrir de l'autre côté. Je le fis donc. Je n'eus pas fait cinquante pas que je me trouvai comme dans une petite forêt. Partout je ne voyais que des arbres, et bien loin devant moi des plaines, des collines, des étangs, mille arbrisseaux de toute espèce, et dans tout cela une variété des plus ravissantes. Je fis encore quelques pas, et tout-à-coup quelle surprise! quel spectacle! je n'eus pas plutôt pénétré le feuillage de quelques arbres touffus, que je me vis précisément à l'endroit où m'avait paru le troupeau. Alors je découvre le pied de la colline. Le fleuve coule entre lui et le bord de la prai-

rie, sur lequel je me promenais ce matin.
Tous les sites que j'avais vu être au-dessus
de ma tête, sont maintenant bien loin de
moi, et ma vue les domine tous. Ah! quelle
douce émotion j'éprouve aussitôt! Le père du
jour, qui commençait d'approcher vers son
déclin, n'en rendait la scène que plus belle
et plus imposante. Je voyais pour ainsi dire
toute la magnificence et tous les feux de son
disque. Le ciel était d'un superbe bleu; très-peu
de nuages paraissaient au - dessus de l'atmos-
phère : encore ceux que j'apercevais, mélant
leurs couleurs blanchâtres aux couleurs pour-
pres, azurées et tricolores que le coucher du
soleil commençait à faire naître, n'allaient en
rendre que le charme plus grand à la vue.
Absorbé, confondu, enseveli pour ainsi dire
sous le poids de tant de merveilles, mon
esprit ne voit plus que la puissance du Très-
Haut, notre petitesse et sa grandeur infinie.
Ma pensée remonte vers le créateur de toutes
choses, vers ce moteur de tous les êtres.
Qu'il est grand, me dis-je, celui qui fit tout

cela! Peut-on connaître les bornes de son pouvoir? Cependant ce que je vois ici n'est rien. J'ai la certitude que ce n'est pas la millionième partie de ce qu'il fit de sublime et de magnifique. Et, mortel impuissant, tu balancerais encore pour te jeter à ses pieds, et lui rendre matin et soir le juste tribut d'admiration qu'il mérite! A l'instant je tombai pour ainsi dire la face contre terre, aux pieds de l'Être des êtres; et, ne levant que par momens mes faibles regards vers le Ciel, je lui adressai quelques mots.

J'étais encore en cette posture, mon cher Jules, lorsque j'entendis les sons de la même flûte, auxquels je ne pensais plus. Aussitôt je me levai, et, semblant oublier ce que je venais de faire, je portai mes regards vers l'endroit d'où partaient les sons de la flûte. Nous sommes si faibles et si petits, que je ne pus m'empêcher de prêter l'ouïe et de diriger mes pas vers eux. Je m'avançai donc, après avoir descendu, puis ensuite monté une partie du penchant de la côte. Alors je me trouvai

( 23 )

tout-à-coup dans une petite prairie carrée ou
paissait le troupeau que j'avais déjà vu. Je
n'eus pas besoin cette fois-ci d'en rechercher
le pâtre. Tout près d'eux je vis un homme
assis auprès d'un antique chêne, dont les rameaux pesans et tortueux semblaient former
une espèce de dais au-dessus de sa tête. Un
petit chien était à ses côtés. Sa taille paraissait
haute, là structure de son corps parfaitement
bien prise, ses yeux très-ouverts et d'une pru-
nelle de jais; ses beaux cheveux noirs, cou-
leur de ses épais sourcils, tombaient négli-
geamment sur ses épaules. Comme les gens
du pays, il avait un petit bonnet brun-pâle
sur sa tête, des culottes courtes avec des
guêtres en cuir, et une chemise bien blanche
qui, lui prenant sur les épaules, lui pendait
jusqu'aux jarrets. Il me paraissait jeune ;
mais si je l'eusse jugé comme exempt de
peines, il me l'aurait paru davantage. Bien
que ses yeux semblassent avoir conservé toute
leur vigueur et son visage toute sa sérénité,
on démêlait en eux et sur les traits de ce der-

nier quelque chose de langoureux, de mélan-
colique. Il n'était donc pas là sans avoir essuyé
de malheurs. C'en fut assez pour que je prisse
part à son sort. Ce qui me démontrait de plus
qu'il avait de la sensibilité, c'est que l'air qu'il
jouait sur sa flûte me paraissait excessivement
doux, pathétique et composé de paroles tou-
chantes. Aussitôt que le berger me vit, il
cessa de jouer, rougit un peu et leva sa chemise pour serrer son instrument. Comme ma
surprise redoubla dès qu'il en eut levé un
côté ! J'aperçus alors en dessous le bout
d'un uniforme militaire, dont les coins étaient
brodés d'or. J'avais cru voir aussi sur son
visage quelque chose de plus que sur celui
d'un pâtre ordinaire, et même, si j'ose le dire,
quelque chose de la fierté espagnole. Ma curiosité augmenta donc dès le moment qu'il
eut caché sa flûte. Je m'approchai de lui d'un
air respectueux, mais sans affectation, et fus
m'asseoir à six pas, sous le même arbre. « Pour-
» quoi venez-vous de cesser de jouer dès que
» vous m'avez vu ? lui dis-je. Soyez sûr, cher

» berger, que j'aime la vie pastorale, et suis
» bien éloigné de trouver mauvais que les
» hommes de votre état s'amusent à égayer
» leurs utiles loisirs par le charme du chant.
» Nos pères étaient tous pasteurs, et, si je ne
» craignais pas de parler de mots que vous
» ne pussiez entendre, je vous apprendrais
» que leurs plus doux plaisirs, et ceux qui
» leur paraissaient les plus innocens, étaient
» ceux du chant et de la musique. Ils ne fai-
» saient aucune fête, aucun mariage, aucun
» sacrifice même, sans que ce soit des can-
» tiques au Seigneur ou des chansons propres
» à s'égayer après leurs travaux rustiques ».
Ici le berger soupira ; puis il dit :
« O étranger ! vous êtes le premier homme
» que j'ai vu si bien parler depuis que je suis
» sorti de ma pauvre patrie.... ». Ce dernier
mot parut lui être échappé. Il porta sur-le-
champ la main droite sur son visage, puis
semblant retenir ses pleurs : « Pardon, étran-
» ger....; mais qu'ai-je dit? il faut que je vous
» quitte ». — « Que vous me quittiez » ! lui

dis-je en me levant aussitôt et lui prenant fa-
milièrement la main ; « non, non, vous ne le
» pourrez. Je reconnais que vous êtes un
» homme au-dessus de l'état que vous avez
» maintenant. Je gagerais que c'est le malheur
» ou des causes particulières qui vous for-
» cèrent à l'embrasser. Ah ! ne me cachez rien.
» Vous ne pourrez m'empêcher de croire que
» vous essuyâtes des peines, et que vous êtes
» dans un autre état que celui où la nature
» vous a placé. Je n'ai jamais, proprement
» dit, essuyé de malheurs ; mais je sais tout
» ce que l'on doit à l'infortune. Ah ! de grâce,
» rasseyez-vous. Un jeune homme a besoin
» d'être instruit des peines d'autrui pour sa-
» voir se conduire dans la vie ».

Touché de ces paroles ; ne pouvant penser
sans doute que je pusse le tromper, il se rassit
aussitôt, et je pris place auprès de lui.

« Jeune homme, me dit-il après un mo-
» ment de silence, vous venez de produire
» sur mon cœur ce que bien d'autres n'avaient
» pu jamais faire. Hélas ! j'étais loin de penser,

» je l'avoue, trouver un être qui fût ce que
» vous me semblez. Maintenant j'ai la plus
» douce confiance en vous. Mais, dites-moi,
» comment avez-vous jugé que je ne fusse
» pas véritablement un berger de ces contrées
» depuis mon enfance »? — « Ce n'est pas
» étonnant, lui dis-je ; bien des raisons me
» l'ont donné à croire ».

Au même moment, mon cher Jules, je l'instruisis de tout ce qu'il en était, et lui dis ce que je pensais qui pouvait en être la cause. Alors il n'y trouva rien de bien surprenant, si ce n'est qu'il voulut en faire rapporter la découverte à la bonté qu'il attribuait à mon cœur.

Je lui demandai, à mon tour, les raisons qui l'avaient pu réduire à prendre un pareil état. « Hélas ! me dit-il, à quoi peut vous servir
» de le savoir ? Je ne doute pas de la sensibi-
» lité de votre cœur ; combien il me paraît
» prendre part à tout ce qui regarde la mi-
» sère humaine ! Mais lorsque vous le saurez,
» en retirerez-vous quelques avantages ? Pour

» être heureux, pour savoir supporter des
» maux, à supposer même que le Ciel voulût
» vous en envoyer, vous en savez assez : je le
» juge par le peu de paroles que vous m'avez
» dites. Quelques mots sur la vie d'un homme
» tel que moi ne pourront rien vous ap-
» prendre de plus que ce que vous savez. Or
» laissons donc là les choses.... » — « Non,
» lui dis-je en l'interrompant avec vivacité ;
» je ne vous quitte pas que je ne sois instruit
» de la cause de votre sort. Si vous persistiez
» à me le refuser, je douterais encore de
» la confiance que vous prétendez avoir en
» moi ».

Alors il pensa un moment ; puis il reprit
ainsi :

« Je ne veux pas vous faire douter un ins-
» tant combien je suis sensible à la part que
» vous paraissez prendre à mon infortune. Je
» vais vous dire qui je suis, d'où je suis, et
» qui m'a réduit à la vie pastorale. Mais j'im-
» pose cette condition entre vous et moi, que

» vous ne révélerez jamais, tant que vous
» serez sûr que j'existe, rien de ce que je
» vous dirai ».

Je le lui promis, et c'est en ces termes qu'il
commença :

## RÉCIT.

« Je suis natif d'Espagne. Madrid est la
ville qui m'a vu naître. Je naquis, le 3 janvier
de l'année 1778, d'une mère pleine de vertu,
et qui ne connaissait d'autre plaisir que la
félicité de ses enfans et celle de son époux.
Mon père, ancien gentilhomme de nos rois,
n'avait guère d'autres défauts que ceux de ma
mère, à qui je n'en connus jamais. Si c'était
un mal d'aimer trop son roi, sa patrie et
l'état militaire, on pourrait peut-être alors
trouver à redire sur la conduite de sa vie ;
mais ôtez cela, je l'ai toujours vu sage, plein
d'humanité, ne désirant que le bien des
hommes, et ne trouvant de véritables plaisirs
qu'en leur rendant des services autant que sa

fortune et son état le lui permettaient. Il était loin de voir la religion avec indifférence : aussi en pratiquait-il les devoirs avec soin. Il ne savait point se croire au-dessus de qui que ce soit. Ne voyant dans tous les hommes que ses frères et ses égaux, il n'en méprisa jamais aucun, depuis le plus grand jusqu'au plus petit. Il se crut toujours obligé de les aider de ses conseils, et de leur rendre service quand le besoin le demandait. Incapable d'une basse flatterie, ne sachant ce que c'était qu'intérêt, il aurait préféré subir la mort que de lâcher un mot contre son prince, ou se contraindre à lui dire ce qu'il ne devait véritablement pas. Toujours égal, toujours le même, il ignorait le changement. Tel vous l'auriez trouvé jouissant d'une honnête fortune, tel vous l'auriez trouvé réduit à la misère. Aussi était-il généralement aimé, et je connus peu d'hommes qui moururent ayant si peu de jaloux que lui. Ma mère réunissait tous ces avantages, mais avec un peu plus de douceur dans le caractère et de sensibilité. Deux ans après ma naissance, ils eurent une fille. Ce fut le seul enfant que le Ciel leur donna depuis moi.

» Ah! ma sœur, qu'il m'est doux de me rappeler les premières années de notre enfance! Que de jouissances n'éprouvâmes-nous pas pendant notre jeune âge! Compagne de toutes mes courses, tu te trouvais à tous mes jeux. Combien n'en goûtais-je pas de doux avec toi! Chaque jour voyait naître de nouveaux plaisirs. C'est ensemble qu'on nous éleva; ensemble qu'on nous berça dans le même berceau. Les mêmes lieux qui te virent croître me virent aussi grandir. C'est sous le même arbre que nous allions nous mettre à l'abri des ardeurs du soleil. Très-souvent on nous mit dans le même bain pour en tempérer les effets. C'est avec toi que je pris mes premières leçons de lecture, de grammaire, de géographie, d'histoire, de mathématiques, et même de philosophie. Quel charme n'eut pas pour toi le commerce des muses! Tu n'étais pas encore venue à cet âge de l'adolescence, qu'on te vit pincer la lyre avec grâce, et composer de ces couplets charmans que ne peuvent entendre sans plaisir tous ceux qui sont charmés d'une belle poésie. Enfant, tu dévoilais toutes les grâces de l'Amour; vierge, l'on vit en toi toute la modestie de la sage Minerve, et toute la beauté de la belle Vénus et de la charmante Flore. Quel plaisir de te voir et de t'entendre chanter, en t'accompagnant de la harpe, de la guitare et du piano! Ah! ma sœur, où sont ces temps heureux où, nous voyant tous les jours, nous nous donnions mutuellement l'un l'autre des leçons en tous genres? Hélas! peut-être que je ne te verrai plus jamais; peut-être que, ensevelie dans la nuit des tombeaux, tes charmes ont passé comme l'éclat d'une belle fleur, ou comme l'odorat d'un superbe bouquet. Et toi, ma mère, et toi, vénérable objet de mes respects et de mes pleurs, le Ciel prit-il pitié de tes jours? la Parque n'a-t-elle pas encore tranché le fil qui les liait à ceux de ta fille?...

» Depuis deux ans que j'ai pris la conduite de cet innocent troupeau, pour me soustraire

à l'esclavage, je n'ai pu recevoir de nouvelles
de chez moi. Toutefois remontons à cette
époque où je quittai pour la première fois le
toit paternel. L'éducation que nous avions
reçue, ma sœur et moi, était pour ainsi dire
le fruit et l'ouvrage de mon père et de ma
mère : bien que nous eûmes un maître, cet
heureux couple ne laissait pas de nous sur-
veiller sans cesse. Il n'est rien qu'ils n'eussent
fait jusque-là pour nous inspirer le goût de
la lecture, l'amour des hautes sciences et des
beaux-arts. Comme garçon, atteignant à ma
quinzième année, il était naturel que je com-
mençasse à m'instruire des choses qui, sans
entrer dans l'éducation d'une fille, venaient
d'absolue nécessité pour moi. Je fus alors au
Lycée ; en peu de temps je devins fort dans
les sciences mathématiques. J'appris l'équita-
tion, à faire l'exercice, le commandement, et
bientôt à savoir camper, lever des plans, et
mettre le siége devant une place. A vingt ans
j'avais achevé toutes mes études. Sachant que
mon père serait content de me voir dans l'état

militaire, j'acceptai, deux ans après, une place de capitaine qu'il me fit avoir dans un corps de nos armées.

*Commencement de Napoléon.*

» Ma patrie jouissait alors d'une tranquille paix. Je vins en France avec une légion de dix mille hommes, que commandait le prince de F. C., et que notre roi envoyait au service de votre empereur Napoléon Buonaparte. La première ville de France où nous nous arrêtâmes fut Bayonne, ensuite Bordeaux, Angoulême, Poitiers, Tours, Orléans et enfin Paris. Nous séjournâmes long-temps dans cette belle ville, où siége le palais de votre empereur. C'est alors que je commençai à vouloir m'instruire de cet homme dont la fortune et les exploits avaient été si rapides. J'accordais tous les jours quelques heures à l'étude de sa vie, à ses conquêtes, et aux nouveaux changemens qu'il avait faits au Code de vos derniers rois, les Louis. Je continuais à m'instruire particulièrement sur le fonds de son caractère, lorsque nous reçûmes l'ordre de diriger nos soldats vers le nord, pour aller joindre vos armées, qui dans ce moment étaient en guerre avec un prince de ces contrées. Nous restâmes là trois ans. Comme j'eus occasion de faire quelques traits de bravoure, votre empereur voulut me donner sa croix, une pension, et augmenter mon grade. Je ne sais pourquoi je refusai ; mais je ne trouvai pas convenable d'accepter. Cette guerre étant terminée depuis long-temps, au bout de cinq ans je rentrai dans ma patrie, où tout était encore tranquille. Deux ans après, votre empereur ayant pour ainsi dire soumis toutes les puissances, à l'exception de l'Angleterre, qui ne voulait pas adhérer à ses propositions ; par l'ambition la plus grande et le projet le plus noir, il voulut venir attaquer nos Espagnes, qui lui donnaient des troupes, de l'argent, et jamais ne lui avaient rien fait. Mais cela ne suffisait pas à une tête que l'ambition dominait, et qui ne savait rien épargner pour en venir aux fins où il ne parviendra jamais, et qui peut-être un jour cau-

seront tous ses malheurs. Sans calculer le
nombre de victimes que cette entreprise ne
manquerait pas de faire, et le sang qu'il allait
verser de nouveau, il entreprit, comme vous
savez, d'en faire la conquête. Il la continue
encore aujourd'hui, malgré les nombreuses
troupes qu'il a perdues; mais j'assure qu'il
n'en viendra jamais à bout. Je crois que ce
fut en 1808 qu'il commença ce funeste projet.
Par la ruse la plus ingénieuse, en même temps
que la plus infâme et la plus basse, il s'em-
para de toute notre maison royale, et fit ses
prisonniers ceux dont il aurait plutôt dû être
le vassal. Ce fut après la perte de notre roi
que nous découvrîmes tout ce que pouvait sur
un tel homme une ambition effrénée, à laquelle il ne saurait sans doute jamais mettre
assez de bornes. Toute l'Espagne aimait notre
Roi; nous savions ce qu'était la famille des
Bourbons ou des Louis, et nous ne voulions
ni ne voulons pas encore être gouvernés par
d'autres. De pareils desseins n'étaient pas, ne
remplissaient pas, ni ne sont pas là les grandes

vues de votre chef. Il vient de mettre son frère Joseph sur le trône d'Espagne ; mais j'assure que celui-ci ne pourra s'y maintenir, et que tôt ou tard il ne manquera pas d'en être chassé, aussi-bien que vos troupes. Il ne faut pas croire que je méprise votre nation : ô mon ami ! je connais ce qu'elle a pu, ce qu'elle peut, et combien elle est vaillante ; mais je ne crois pas qu'il soit de la destinée de votre empereur de subjuguer l'Espagne et d'en faire sa conquête. Vous ne devez pas douter de la révolution que dut opérer chez nous la perte de la maison royale : il ne s'y trouva pas un Espagnol qui ne voulût verser son sang pour racheter notre roi. Non-seulement nos femmes, mais jusqu'à nos enfans, tous brûlent encore de se venger. Toutes les troupes que nous avions furent donc aussitôt sur pied. Nous ne devions pas craindre de manquer de soldats : tous les enfans, tous les jeunes hommes, tous les pères de famille, jusqu'aux vieillards infir- mes, brûlaient de l'être. Nous avons fait écrire ces mots en tête de nos drapeaux : *Notre Roi ou la mort* ; et soyez sûr que le courageux Espagnol ne démordra pas de cette sentence, sans en être venu à la conquête de l'un, ou s'être vu atteint par l'autre.

» Mon père fut nommé général d'une des divisions de nos armées, par les premiers chefs de nos troupes ; et quoique l'étude, depuis que j'eus quitté votre patrie pour rentrer dans la mienne, m'avait seul occupé et fait perdre le goût des armes, je repris mon uniforme, et fus aide-de-camp de mon père. Après nous être battus depuis long-temps, à la première attaque que vos troupes firent de notre capitale, mon père eut une cuisse emportée par un boulet de canon. Mis par-là hors d'état de servir, chacun voulut me faire accepter sa place ; je refusai, me trouvant trop jeune pour remplir une pareille dignité, et du reste, ne me proposant pas de rester dans le armes, car je ne pouvais voir sans horreur les vrais effets de la guerre; je demeurai encore six mois capitaine. Comme j'eus occasion de rendre quelques services à ma patrie, on m'élut colonel sans mon consentement, et je fus contraint d'accepter ce grade. C'est à cette époque que mon père mourut des suites de sa blessure. Six mois après, gémissant du sort de ma patrie, sur laquelle vous commenciez à prendre de grands avantages, et ne pouvant voir sans horreur toutes les abominations que vos troupes commettaient dans les villes vaincues, je résolus de faire tout pour la délivrer promptement de vos Français. Je crus donc ne devoir plus refuser les avancemens que l'on m'offrirait désormais, pensant que je pourrais plus facilement exécuter les desseins que je commençais à méditer; mais je sentis que ce n'était pas là des raisons pour m'exempter d'avoir du courage. Je fis des efforts sur moi-même afin de supporter plus facilement les funestes effets de la guerre. Je n'eus pas la peine de mettre un frein à ma grande sensibilité. Vos Français s'étaient déjà rendus maîtres de Madrid, nous les avions repoussés, et pour la seconde fois ils marchaient vers sa conquête. Cette fois-ci mon ardeur m'emporta trop loin. Je trouvai l'occasion de me mesurer avec plusieurs de vos chefs; je le fis; j'en tuai ou blessai plusieurs. Mes soldats repoussèrent long-temps les vôtres; mais, atteint de deux légères blessures, je fus tout-à-coup fait prisonnier avec un grand nombre de nos soldats. J'appris presqu'aussitôt que tous les chefs, et même le général qui commandait notre division, venaient d'être pris. Ce fut, je crois, le résultat d'une ruse d'un des vôtres. Rien n'annonçait dans mes habits un grade supérieur. Enveloppé avec nos soldats, je fus mis au rang de nos officiers qui se trouvaient confondus avec eux. On nous enferma bientôt dans les prisons d'une de nos propres villes, et peu de temps après nous fûmes envoyés à Bayonne.

» Le manque de tout, le chagrin de ne plus savoir des nouvelles de ma pauvre patrie, et surtout ne pouvant plus communiquer avec ma mère et ma sœur, ni penser quand cela pourrait finir, me rendirent bientôt méconnaissable. Sans me laisser précisément gagner tout-à-fait par le chagrin,

je ne pus empêcher sur moi les progrès de
la mélancolie. Rien d'abord ne m'est plus
cruel que l'esclavage et la perte de la liberté. Or,
étant prisonnier, celle-ci ne m'a-t-elle pas aban-
donné, et n'entré-je pas dans la plus dure captivité? C'est alors que je sentis combien étaient
à plaindre tous ces hommes qu'un même sort
attachait à ma destinée. Quelles déchirantes
réflexions ne fis-je pas! Ah! mon ami, pour
bien sentir tout ce que souffre un homme
dans un pareil état, ce n'est pas assez que de
le voir, de l'ouïr ou d'en faire la lecture dans
un livre. Loin de son pays natal, de sa femme,
de ses enfans, de ses parens et de ses amis,
quelles consolations peut trouver le prisonnier
dans son malheur? Non-seulement il n'a pas
quelquefois la liberté de pouvoir correspondre
avec les siens, mais il manque de tout. Il est
renfermé des années entières dans des prisons,
le plus souvent malsaines, n'ayant pour nourriture qu'un peu de pain noir et d'eau; pour lit
que quelques brins de paille qu'il n'a pas encore
le loisir de pouvoir changer quand il veut; pour

vêtement... Ah! il est inutile de vous dire tout. Ne pouvant changer, la vermine se met après lui, et, de concert avec la faim qui le mine, ces deux monstres se plaisent peu à peu à dissoudre les membres défaillans de ce corps qui, tombant bientôt en lambeaux comme les habits qui le couvrent, périra bien avant son terme. Non, pour moi, je ne connais rien de plus misérable que cette situation. J'avais beau vouloir appeler à mon secours la philosophie ; un état pareil ne pouvait me paraître supportable. La religion même, la religion qui toujours eut beaucoup d'empire sur mon cœur, ne pouvait m'en alléger les chaînes. Ah! ma mère, ah! ma sœur, si j'eusse pu recevoir des consolations de vous, savoir votre position, l'état de ma pauvre patrie, peut-être..... O non, tout cela aurait été vain : je n'aurais jamais pu supporter une semblable captivité.

» Un mois après qu'on nous eût laissés dans les prisons de Bayonne, on nous en fit sortir pour nous conduire dans le Nord. J'étais déjà tout-à-fait méconnaissable. Mon habit commen-

çait à n'avoir plus que la corde; ma longue barbe,
mes cheveux en désordre, le teint livide que
me donnait déjà la maigreur qui s'emparait
de moi, la malpropreté et la vermine qu'il
m'avait été impossible de ne pas gagner dans
vos prisons, me rendaient mon sort plus haïs-
sable.

» Ce fut le soir que nous approchâmes de
cette petite ville de Saint-Sever que nous
avons derrière nous. Un cor qui me bles-
sait le pied m'avait empêché de suivre les
autres de trop près. Un peu avant que d'entrer dans le village, une grosse pluie nous
avait pris en chemin. Le sergent qui condui-
sait le derrière de mes compagnons d'infortune ne paraissait pas s'être aperçu de moi.
On les fit entrer avec beaucoup de hâte dans
de grandes remises, où j'appris depuis qu'ils
couchèrent, et l'on referma les portes aussitôt.
Cette occasion me fit naître le dessein d'échapper à nos conducteurs, si je le pouvais. Personne ne parut plus dans la rue. Sûr qu'on m'a-
vait oublié, je dirigeai mes pas à quelque dis-

tance du village, vers une grande maison que j'apercevais à ma droite. Comme je connaissais le français, je fus y frapper pour demander l'hospitalité, pensant qu'on voudrait bien me l'accorder. Mes espérances ne me trompèrent pas. Je fus à la maison avec confiance, et je tombai chez de bonnes gens aisés, qui me reçurent avec beaucoup d'humanité. Ils semblèrent compâtir à ma situation; ils voulurent que je soupasse avec eux, et prirent un grand soin pour me faire sécher promptement. Je ne pus voir tant d'honnêteté et tant de complaisance sans en être touché. Je leur avouai franchement que je regardais comme une faveur du Ciel d'avoir été conduit dans leur maison. Leur ayant appris comment je m'étais trouvé derrière les autres, je leur communiquai sans crainte l'intention que j'avais. Ils ne parurent pas d'un sentiment bien contraire. Je m'offris à faire tout ce qu'ils voudraient s'ils voulaient seulement me garder pour la nourriture. Le mari, la femme, une fille qu'ils avaient, et même jusqu'au valet de leur maison, qui se trouva pour le souper, tous parurent touchés de ma confiance. Ils trouvèrent bientôt l'emploi qu'ils pourraient me donner. Ils venaient de perdre le gardien de leur troupeau. C'était un homme à-peu-près de mon âge; il fallait le remplacer. Que ce fût moi, que ce fût un autre... Ah! bonheur! quelle heureuse rencontre! que la condition de pâtre va me devenir douce en ce moment! En effet, mon ami, la vie pastorale m'a toujours paru agréable, parce qu'elle m'a toujours semblé la plus douce, la plus innocente; et, comme le veut même l'abbé d'Olivet, peut-être la plus noble des professions de nos premiers pères. Les fils d'Adam et d'Eve gardèrent les troupeaux, me dis-je; l'enfant le plus chéri de Jacob, Joseph, le fit aussi comme ses frères. Que suis-je de plus qu'eux? Vil rebut de leur sainte race, combien n'ai-je pas perdu par la tradition des hommes? Le saint roi David garda les ânesses; et moi, je rougirais de conduire quelques innocens agneaux. Ah! chères brebis, que je raisonnais bien alors!

puisque, depuis que je vous ai sous ma garde, je ne sache pas avoir passé un jour sans éprouver la plus douce jouissance. celle de pouvoir me dire chaque soir : « Je jouis, puis-
» que j'ai la paix du cœur, la tranquillité de
» l'âme, et que, sans porter tort à qui que ce
» soit, je peux encore faire du bien à mes
» semblables et quelquefois leur être utile.
» Que faut-il autre chose pour le bonheur ?
» Les hommes le cherchent dans le grand
» monde, auprès des princes et des rois ; et
» moi, je le trouve sous l'ombrage d'un arbre,
» étendu sur le gazon, à côté de mon chien
» fidèle ( c'est le nom, cher Jules, qu'il sem-
» blait lui donner ), et gardant ainsi mon
» troupeau ».

» Je témoignai donc le plus grand plaisir lorsque l'on parla de me donner la garde des brebis. — « Mais comment empêcher que vous
» ne soyez reconnu »? me dit le chef de la maison, bon vieillard aux cheveux blancs, qui me paraissait avoir vieilli sous le chaume, car il était simple comme la nature

est belle. — « Que ceci vous inquiète peu,
» repartis-je ; vous devez avoir les habits du
» pauvre mort ; ils doivent être absolument
» conformes à l'usage dont on a coutume de les
» porter dans votre pays : donnez-moi-les, je
» vous donnerai les miens, et de plus ce cra-
» chat et cette croix ». Le crachat et la croix,
je les sortis de dessous mon habit ; car ils n'y
étaient plus attachés. — « Comment ! me dit
» le vieillard, paraissant tout étonné ; vous
» êtes peut-être quelque chef de ceux que
» nous avons faits prisonniers dans les der-
» niers avantages que nous remportâmes sur
» vos armées, et vous voulez être berger » ?
— « Mon grade n'est qu'ordinaire, lui dis-je ;
» vous ne savez pas combien j'aime la vie in-
» nocente des gens de la campagne ; acceptez
» l'échange, si vous voulez me rendre le bon-
» heur et la vie, et je vous promets de n'être
» jamais reconnu par qui que ce soit ». —
« Je me rends à vos désirs, dit le vieillard ;
» mais vous pourriez rester parmi nous sans
» garder nos troupeaux : soyez notre ami, et

» nous vivrons ensemble jusqu'à la fin de nos
» jours ». —«Je l'entends bien de même, lui
» dis-je ; mais ce n'est pas une raison pour
» que vous laissiez votre troupeau sans gar-
» dien ». — « Nous en trouverons un autre,
» me dit-il ». — « Pourquoi aller chercher
» ailleurs ce qu'on a chez soi? lui dis-je ;
» l'homme qui vit sans occupation ne coule
» jamais des ans heureux. Que les jours vous
» paraîtraient longs, vieillard, si vous ne vous
» occupiez jamais à rien »! — « Je le sais, me
» dit-il, mais... ».—«Ah! de grâce, repris-je avec
» vivacité, ne me dites rien de plus. Que je sois
» votre ami puisque vous le voulez, et celui
» de toute votre maison; mais ne m'empêchez
» pas de m'y rendre utile ». — « Vous me con-
» fondez, brave Espagnol, me dit le vieillard
» en me prenant la main et se levant de dessus
» sa chaise pour m'embrasser avec transport;
» soyons donc amis pour le reste de nos jours;
» et dès aujourd'hui faites comme il vous plaira.
» Je vous donne sur ma maison les mêmes
» droits que ma femme et moi pouvons avoir.

( 49 )

» Voici ma fille ( en me la montrant de la
» main ), regardez-la comme votre sœur, res-
» pectez-la comme telle, et ne pensons plus
» qu'à prendre des moyens sûrs pour empê-
» cher qu'on ne soupçonne jamais qu'un pri-
» sonnier espagnol soit chez nous ». — « Ah!
» lui dis-je alors, bon vieillard, quel soulage-
» ment, quel plaisir ne procurez-vous pas à
» mon cœur! Le Ciel bénisse vos vieux ans!
» Puissiez-vous voir encore deux fois autant
» d'âge que vous en avez vu ! Puissiez-vous
» voir vos petits-fils jusqu'à la cinquième gé-
» nération »!

» Ici nous cessâmes de parler. Il se faisait
déjà tard; l'on me donna un bon lit, et nous
fûmes nous coucher. Les fatigues d'une marche
forcée qu'on nous avait fait faire, la douceur que trouvèrent mes membres défaillans
sur la couche de mon cher hôte, le repos
que je n'avais pu goûter depuis si long-temps,
vu le mauvais état de mon esprit, et l'éton-
nement, le plaisir, la jouissance que je venais

( 5o )

d'éprouver tout-à-coup par la rencontre de
ces bonnes gens, firent que je goûtai le plus
doux somme, et ne m'éveillai que vers le
milieu du jour.

» Dès que mon hôte m'entendit remuer, il
vint dans la chambre qu'on m'avait donnée,
il m'embrassa, puis me dit : « Vos pauvres
» compagnons d'infortune sont déjà très-loin ;
» l'on a cherché ce matin, vers les six heures,
» un prisonnier partout le village : n'en ayant
» pas ouï parler jusqu'au moment du dé-
» part, il paraît que le conducteur a pen-
» sé, ou que vous étiez derrière, ou que
» vous aviez hier continué votre chemin,
» ignorant sans doute que vous vous fussiez
» arrêté ici. Je pense qu'on pourra peut-être
» vous rechercher dans quelque temps, puis
» qu'ensuite on finira par vous oublier. Je
» voulais vous en avertir ; mais, sachant que
» vous dormiez, je n'ai pas cru devoir vous
» éveiller. En attendant, réjouissez-vous, vous
» êtes sauvé, et, quelque chose qu'il puisse
» jamais m'en coûter, je ne voudrais pas, au

» prix de mon sang, qu'un autre vous pos-
.» sédât ».

» Il s'arrêta ici un moment, puis il me dit :
Prenez ce costume, en me montrant une chemise bien blanche, des guêtres de cuir qui
boutonnent jusque sur les jarrets, etc., en un
mot, un habillement complet et semblable à
celui qu'il avait, ainsi que son valet, et que
j'ai maintenant. Il m'aida lui-même à mettre
mes guêtres. « Ce costume doit vous paraître
» étrange, reprit - il un moment après ; mais
» qu'importe, s'il peut vous empêcher d'être
» reconnu pour un étranger. Allons, main-
» tenant je vais descendre pour faire prépa-
» rer un bon dîner, car il faut que nous nous
» réjouissions ; c'est un beau jour pour nous ».
A l'instant il me quitta, et je crus être
obligé de remercier le Ciel d'avoir trouvé
dans un médiocre artisan un si bon cœur,
avec un caractère si droit, et tant de bonho-
mie. Je descendis un instant après, et je trouvai qu'il m'attendait pour se mettre à table.
Je fis le plus petit ( excepté depuis le moment

où je fus fait prisonnier ) mais peut-être le plus doux et le meilleur des repas que j'eusse faits en ma vie ; quel charme en effet ne dus-je pas y trouver! N'aurait-il pas fallu avoir le cœur plus dur que du fer pour ne pas être le plus vivement touché des complaisances, des bontés, de la joie surtout que paraissaient éprouver ces bonnes gens ? Oh! non, je défie qu'une âme sincère et droite, pour peu qu'elle soit sensible, si elle n'est pas dépravée, puisse et doive éprouver une joie plus douce, plus pure et des plaisirs plus sensibles. La couronne de France, ceinte sur le front de votre empereur, dut sans doute procurer un charme bien puissant et bien doux à son cœur ambitieux ; mais je gagerais ma tête qu'il ne pouvait pas être plus grand et surtout plus pur que celui que j'éprouvai en ce moment ; j'en avais donc l'âme fortement attendrie, et si je n'eusse pleuré par l'incertitude du sort où pouvaient être ma mère et ma sœur, j'aurais versé des larmes de doux transports et d'allégresse. Ah! ma mère, ah! ma sœur,

c'étaient vous surtout que je ne pouvais oublier ni dans mon bonheur, ni dans mon infortune ; sans cesse votre image est présente
à ma mémoire. Qu'êtes-vous devenues ? que
vous est-il arrivé ? quelles peines, quel chagrin
n'éprouvâtes-vous pas sans doute en appre-
nant mon malheureux sort ! Si je pouvais au-
moins vous faire part des jouissances que je
ressens et de la douce vie que je mène ! Mais
cela n'est pas possible. Le malheureux qui
fut cause de notre séparation , des cruelles
souffrances qu'endura mon père , et de
tant de crimes et de désordres commis dans
notre patrie , n'a pas encore atteint au
terme de sa puissance. Cependant il ne tardera pas : telle est ma croyance. Dieu se lassera de le protéger, et je suis certain que ce
jour n'est pas loin ».

---

# CHAPITRE II.

### DE NAPOLÉON ET DES LOUIS.

*De Napoléon.*

« En effet, mon bon ami, reprit le sage Espagnol après s'être un moment arrêté, tout homme bien instruit sur la rapidité des conquêtes de votre empereur, sur sa prompte élection au trône de France, sur les grandes choses qu'il a faites, sur ses mœurs, sur le vrai fond de son caractère et le génie dont le doua la nature, car j'assure qu'il en a, ne peut pas douter que le Ciel n'ait eu quelque vue particulière sur lui ; mais gardons-nous bien de porter cette croyance trop loin. Je ne pourrai jamais penser qu'un homme qui réunit à tant de talens, à tant de connaissances, à un goût si exquis pour les belles choses, tant d'ambition, si peu de retenue dans les projets qu'il exécute, tant d'amour pour la guerre, une gloire à laquelle il sacrifie tout et ne sait rien épargner, puisse être toujours protégé du Ciel et favorisé jusqu'à la fin de son règne. Non, le Père éternel se lasse tôt ou tard de ceux qui ne savent pas garder de modération dans le pouvoir qu'il leur donna. Si votre empereur eût moins abusé de la protection de Dieu, il ne serait peut-être pas monté si haut; mais son règne et sa gloire auraient été peut-être plus durables qu'ils ne le seront. Les services qu'il rendit à la France avant son élection au trône, les belles choses qu'il fit alors, le rétablissement des cultes, la paix, la tranquillité qu'il lui rendit pendant quelque temps, tout cela sont des choses qui devaient nécessairement le faire aimer. L'on ne peut douter non plus qu'il fût tout-à-fait indigne d'une partie de la gloire qu'il s'est acquise. J'ai vu des personnes qui, pour déprimer ce qu'il fit, alléguaient son peu de naissance eu égard au trône et le pays dont il sortait: que font l'une et l'autre de ces choses? Ce sont de ces raisons qui ne disent rien et qui se détruisent elles-mêmes. Nous sortons tous d'une même branche, celle d'Adam; par conséquent nous sommes tous égaux, tous frères. Que m'importe qu'Aristide, Thémistocle, Epaminondas, Régulus, les Scipion, Coriolan, Bélisaire, et tant d'autres grands capitaines, jusqu'aux empereurs et aux rois, soient ou ne soient pas de tel sang, de telle contrée; toutes les fois qu'un Scythe aura fait des choses aussi grandes et aussi recommandables qu'un Alcibiade, qu'un Périclès, qu'un Phocion, et aura des côtés aussi beaux qu'en eurent les Alexandre, les Pompée et les César, fût-il encore sorti d'un pays plus barbare, je lui accorderai les mêmes considérations que je devrais avoir pour un Grec, un Romain, un Egyptien, un Perse. Sertorius, Viriatus, Marius ne furent rien par leur naissance; mais ils firent des choses recommandables par leurs talens, et c'en est assez pour que j'accorde à leurs talens la justice qu'ils réclament en leur faveur. Il en est de même des anciens

sages et des fameux poëtes de l'antiquité; Socrate, Platon, le fameux Caton d'Utique, me
paraissent, pour la sagesse, si j'en excepte les
patriarches, être au-dessus de tout ce que
les anciens possédèrent; de même qu'Ho-
mère, Virgile, Sophocle, Euripide, Aristo-
phane me semblent être les plus grands gé-
nies. Parce que l'un de ces hommes ne sorti-
rait pas de telle branche, de telle contrée ou
de tel pays, faudrait-il que je n'accordasse
pas à la supériorité de leur sagesse et de leur
génie les mêmes égards qu'ils mériteraient
dans un autre homme qui réunirait tous les
avantages en question? Sottes raisons, comme
je viens de vous le faire entrevoir, mon bon
ami. Ce ne peut être qu'une vertu extraordinaire, de grands talens, un beau génie et
les facultés dont le Ciel se plut à combler tel
ou tel homme, qui doivent mettre entre les
mortels quelque différence; rien autre chose
à mes yeux n'en peut diviser la liaison, l'u-
nité et l'égalité. « Tel est placé sur le trône,
dit J. J. Rousseau quelque part, qui serait

trop honoré de la condition de pâtre, et tel est berger qui mériterait d'avoir le diadème ceint sur le front et tenir en main les rênes d'un grand empire ». Mais il faut chercher l'homme vraiment grand et propre à telle ou telle chose, plutôt qu'à telle autre, où il est, et on le cherche le plus souvent où il n'est pas; aussi le trouve-t-on rarement. Oui, mon ami, votre empereur était un homme fait pour régner, s'il eût su être plus humain, mettre plus de frein à son ambition, moins de confiance en ses succès, et tempérer cette trop grande soif de la guerre; mais c'est elle qui le perdra quelque jour : une gloire trop prompte a déjà commencé à l'aveugler. Il voudrait envahir l'univers, régner sur le monde entier, et je crains bien qu'un jour l'univers ne l'envahisse et ne le contraigne à se trouver bien dans un petit état. Je ne doute cependant pas que Dieu l'ait protégé quelquefois: je crois qu'il voulut et veut encore s'en servir pour punir la terre des grands crimes dont elle s'est rendue coupable. Un homme qui craint si peu de répandre le sang humain et qui s'est en quelque sorte endurci à voir des tas de corps de mourans sacrifiés à sa seule ambition, sans pitié et sans se lasser de la soif de la guerre, ne peut pas être regardé comme père du peuple qu'il gouverne, et faire trouver son règne humain, sage et pacifique. Lorsque Dieu se sera suffisamment servi de cet instrument pour ses vengeances, il l'abandonnera alors à lui-même, et celui-ci, qui ne manquera pas d'abuser des faveurs qu'il reçut, finira par s'aller briser sur l'écueil de quelques rochers. Oui, il serait très-possible que Dieu, voulant purger la terre, et principalement punir votre patrie et la mienne, des crimes qu'elles ont commis, eût envoyé cet homme à la France pour en exécuter les grands desseins.

### Des Louis.

» Que vous fit en effet la famille de vos monarques, pour agir envers elle comme vous agîtes ? Depuis des siècles entiers et un grand nombre de rois, elle ne vous avait donné que des princes sages, humains, sans ambition, qui ne pensaient qu'au bonheur de la France, et à faire fleurir en elle la paix et les beaux-arts. Si vous n'aviez pas compté un saint Louis, un Henri IV, un Louis XV, Louis XVI n'était-il pas un roi propre à faire le bonheur de votre nation ? Que de qualités n'avait pas cet homme ! Que de mérites ne réunissait-il pas en lui ! Quel bon cœur! quelle piété ! quelle sensibilité touchante ! Il était trop bon, trop confiant, trop sensible, et ce fut son excessive bonté qui le perdit; comme si ce n'était pas la plus douce, la plus belle et la plus louable des qualités. Eh! malheureux! vous vous armez tous contre lui comme des tigres et des lions pour une riche proie que chacun voudrait se disputer! vous conduisez cet agneau sans tache sur un échafaud vengeur des crimes! vous le détenez un peu auparavant dans les prisons, sans frémir sur le courroux céleste ! vous avez l'audace de conduire le char sur lequel vous l'avez fait monter, armés de piques

et de sabres nus, comme si c'eût été un brigand!
Bien qu'il voie la mort sur sa tête, la sérénité
de son visage vous offusque. Son sang-froid,
son grand courage, sa résignation, preuves
si manifestes de sa belle âme, redoublent l'ardeur que vous avez de voir trancher le fil de
ses jours. C'est avec des cris de joie que vous
encouragez le bourreau : son âme s'attendrit ;
les forces nécessaires pour exécuter lui man-
quent ; et vous, plus durs que lui, plus inhu-
mains et plus barbares, vous le troublez par vos
cris, par vos injures au saint monarque, et con-
traignez sa main à faire une action à laquelle
son cœur ne peut avoir part. Son sang rejaillit
donc à vos yeux. Vous voyez le faîte de l'arbre séparé de son tronc, avec des transports
d'allégresse. Rien ne peut contenir votre joie ;
vous insultez même à ses mânes sanglans,
et ne reconnaissez vos erreurs qu'après avoir
tyrannisé les siens, fait périr misérablement
le dauphin, et contraint tout le reste de sa
famille d'abandonner sa terre natale pour fuir
sous des climats étrangers. O barbarie! ô

atrocité dont jamais chez les païens même on ne vit d'exemple ! O Ciel ! peux-tu voir tant de crimes sans promettre un jour que tu t'en vengeras ? Telle est, mon ami, telle est ma croyance. Dieu fit succéder la révolution à la mort de votre roi, pour venger ses mânes, comme il a fait peut-être succéder le règne de votre empereur aux règnes des Capet, pour venger le sang de tant d'innocentes victimes consacrées à la révolution.

» Je doute même que Dieu n'ait inspiré à votre empereur le désir de porter la guerre à notre nation pour la purger à son tour des crimes dont elle se rendit coupable jadis envers tant d'innocens peuples. Ah ! sans doute ce ne peut être autrement. Il est juste que Dieu punisse les hommes par les hommes, et qu'il tire vengeance de tout ce que nous lui faisons. Faibles mortels, lorsque quelque chose de fâcheux nous arrive en particulier, nous murmurons, parce que nous ne pouvons soupçonner que Dieu se venge des crimes de nos frères sur nous ; mais, si nous pensions bien , nous trouverions facilement les raisons qui le portent à le faire avec justice, et, loin de blâmer par-là sa sagesse, nous y découvririons encore de nouvelles perfections.

» Oui, le Ciel se lassera quelque beau jour de protéger votre empereur. Il voudra rétablir le règne des Capet ; il ne verra pas sans pitié l'abus qu'il fait de son pouvoir ; les crimes même dont il est l'auteur par les excès où se portent vos Français. Nous vous chasserons donc de notre territoire avant qu'il soit long-temps. Vous voyez déjà les avantages que nous commençons à reprendre sur vos troupes. Joseph ne se maintiendra jamais à Madrid. Je doute qu'il puisse encore rester sur le trône d'Espagne plus de six mois. Or, si jamais il en est chassé ainsi que vos troupes, c'en est fait de votre empereur, de la France. Vous verrez cet arbre, dont le faîte se porta si haut, affaiblir ou courber peu à peu ses rameaux audacieux. Alors, étonné de son grand changement et de son extrême faiblesse, il commencera par diminuer de sa confiance ; il voudra cependant encore chercher à s'appuyer sur les belles choses passées qu'il fit; mais tout lui sera vain. Les puissances auxquelles il donna des fers, s'étant renforcées et heureusement unies entre elles, achèveront de rabaisser son orgueil, lui feront perdre l'espérance, et finiront par remplir une œuvre à laquelle Dieu les appelaient, en rétablissant peut-être la famille des Capet sur le trône de France.

» N'en doutons pas, mon bon ami, il faut que les choses marchent ainsi. Dieu est trop juste pour ne pas rendre à la France les Louis, comme il est aussi trop juste pour ne pas rendre à ceux-ci le trône qu'ils méritèrent d'occuper si long-temps et qu'ils méritent encore de régir des siècles entiers. O cher jeune homme! quel bonheur pour votre patrie si les choses peuvent tourner ainsi! Je n'assure pas que cela soit, mais je le pense par les études approfondies que j'ai faites de l'état présent des choses. Si elles tournent ainsi, ô plaisir! que vos Français se réjouissent! qu'ils portent au Ciel ceux par qui une si douce liberté, une œuvre si complète et si parfaite, une félicité si rare et qui trouve si peu d'exemples, leur serait rendue. Sûrs que la main du Tout-Puissant les aurait guidés et qu'ils n'auraient fait que seconder ses volontés, qu'ils ne les voient jamais sans respect et sans admiration. Qu'ils leur baisent en quelque sorte les pieds, les mains, et ne voient en eux que leurs libérateurs et leurs sauveurs. O mon ami! c'est une si douce chose que la reconnaissance, qu'on ne saurait jamais trop faire à l'égard de ceux qui la méritent véritablement et pour qui tout nous parle.

» Oui, je vous dirai de vous féliciter, si jamais vous pouvez revoir la famille de vos anciens rois prête à remonter sur le trône de votre nation. Où trouver en effet une famille si vénérable, qui compte une si longue suite de rois, avoir tant fait pour le pays sur lequel elle régna? De quel côté que vous portiez vos regards, soit chez les anciens, soit chez les modernes, vous ne verrez, vous ne trouverez aucun empire, aucun pays, aucune contrée,

qui puisse se flatter et s'honorer d'avoir jamais trouvé une race si respectable et qui
produisit des monarques plus sages, plus ac-
complis, et surtout qui surent plus sacrifier
à la religion et à la piété. Oui, vous le verrez,
mon ami. Je ne me flatte pas, moi, d'avoir ce
bonheur; mais vous êtes jeune, vous n'avez pas
encore essuyé de peines, et vous vivrez sans
doute assez pour en avoir le temps. O Louis xvi!
ô roi si bon, si vertueux, et si digne d'avoir
un meilleur règne! Les rejetons de ta tige ne
sont pas encore si dispersés, si désunis et en si
mauvais état, pour ne pouvoir rassembler
leurs feuilles éparses et te trouver un succes-
seur encore digne de toi. La France rougit depuis long-temps en secret des insultes qu'elle te
fit; elle reconnaît toutes ses erreurs; elle n'i-
gnore pas combien elle perdit en te perdant,
toi et ta famille. Aussi pardonne-la, roi sage;
vois les maux dont elle ne tardera pas d'être
affligée, et, si tu veux m'en croire, aie pitié
d'elle, et fais que le restant de ta famille, de
concert avec quelques vertueux princes qui

ne veulent que son bonheur, la prennent sous sa protection et travaillent à la rendre dans le même état que tu l'as quittée ».

Ici le colonel-pâtre s'arrêta un peu comme pour respirer. Ensuite, reprenant la parole : « Je me suis bien égaré dans mon récit, mon bon ami, me dit-il ; je vous ai peut-être entretenu beaucoup trop long-temps de votre empereur et de vos rois, sans aucun sujet ; mais que voulez-vous? vous devez en rapporter la cause aux réflexions que me fait faire mon état, depuis que j'ai pris la douce condition de berger et que je me suis mis au service des bonnes gens dont je vous ai parlé. Tout autre aurait craint de vous dire tout ce que je vous ai dit là. Cependant pourquoi le craindrai-je, moi qui vous ai comme assuré de ne pas douter de votre confiance. Ces réflexions sur votre empereur, sur vos rois, sont peu de choses ; mais qu'importe : c'est à un ami que je viens d'en faire confidence ; quelque peu de valeur qu'elles aient, quelqu'extravagantes qu'elles paraissent, je ne m'en repens pas. Je ne vous ai dit que ce que mon cœur pensait : vous auriez tort si vous en abusiez ».

— « Quoi! lui dis-je; moi faire mauvais usage de ce que vous venez de me confier! O sage Espagnol (car je ne vois pas d'autre surnom qui puisse mieux vous convenir)! pouvez-vous penser cela? Non, non, ce que vous venez de me dire est sacré. Il n'est pas une de vos raisons que je n'aie parfaitement bien goûtée et sentie. J'ose penser que tout ce que vous m'avez dit arrivera même un jour. J'avoue que, en me parlant avec tant de franchise, vous avez été extrêmement confiant : aussi, Dieu me préserve d'abuser jamais de cette confiance! O homme incomparable! que vous fûtes cependant heureux, étant prisonnier, de trouver les bonnes gens dont vous m'avez parlé! Je crois que vivre avec eux doit rendre votre sort bien doux et vous consoler beaucoup du désagrément de ne pouvoir écrire à votre chère mère, à votre pauvre sœur ».

— « Vous ne pouvez pas en douter un moment, reprit-il avec aménité; mais, malgré

tout, je considère comme une bien cruelle
chose l'impuissance de communiquer avec
ceux qui nous sont chers et sans qui pour
ainsi dire nous ne pouvons trouver de véritable bonheur. Malheureux! je me plains
pourtant, et combien, à plus forte raison,
n'auraient pas plus droit de se plaindre mes
pauvres compagnons d'infortune qui tous les
jours gémissent sous le joug du travail, de la
misère et d'une dure captivité! Quand j'envi-
sage leur sort, suite des funestes effets de la
guerre qui me fait frémir, c'est alors que je fais
de cruelles réflexions sur ce que c'est qu'esprit
de conquête, lauriers de Mars, et tout homme
qui ne sait régner qu'en entourant le sceptre
qu'il porte de corps morts et de sang humain,
tandis qu'un règne doux et paisible peut at-
tirer de si grands avantages dans un état....
Mais, mon ami, je sens que je vais encore me
perdre pour vous entretenir de rois, d'états,
en un mot de politique et de choses sérieuses.
A quoi sert qu'un pauvre pâtre comme moi,
destiné peut-être à ne jamais voir d'autre ciel

que celui que nous avons perpendiculaire-
ment sur notre tête, et d'autre campagne,
d'autres arbres, d'autres sites, d'autre fleuve
que celui que nous avons à nos pieds, devant
nos regards et où nous sommes, aille vous
dire ce qu'il pense sur la manière de bien régner, sur ce qui pourrait le plus coopérer à
faire la félicité des peuples d'un bon roi, et
procurer peut-être tant de confiance et de
bonheur aux hommes où la foi n'a pas pénétré, qu'ils puissent un jour se rendre à la
même religion, et voir par-là tout l'univers
soumis au même culte, à la même croyance.
Ah! non, de pareilles idées ne peuvent pas
entrer dans la sphère d'un pauvre conducteur
de brebis, et qui ne voit que sa houlette, son
chien, quelques livres et quelques précieux
amis que lui donne le hasard, si le hasard est
quelque chose ». — « Oh! lui dis-je, mon cher
Jules, que vous m'affligez, sage Espagnol!
Dites, dites, dites-moi tout ce que vous pensez
là-dessus; ne ralentissez plus ma curiosité. Je
ne vous quitterai pas que vous ne m'ayez

communiqué ces grandes raisons qui doivent tant intéresser tout être ami des hommes et de l'humanité. Que l'indifférent passe ses jours à ne s'occuper que de bagatelles; qu'il ne rêve qu'à des amusemens passagers, à des plaisirs sans gloire, à des jouissances sans peine et sans travail : pour moi qui me plus toujours à m'instruire, pour qui le bonheur des hommes et de ma patrie est plus cher que la vie, de grâce communiquez-moi ces réflexions, dites-moi ce que vous pensâtes là-dessus. J'avoue que mon extrême jeunesse et mon peu d'expérience doivent vous faire douter si je suis capable de les entendre ; mais qu'importe, dites-les-moi toujours. Du reste, je ne puis me lasser de vous ouïr parler ».

Touché de ces paroles que je prononçais avec assez de feu, mon sage Espagnol me prit la main d'un air de satisfaction et reprit ainsi :

## CHAPITRE III.

*De ce qui serait le plus propre dans un bon prince à faire le bonheur des peuples et procurer l'unité de religion.*

« Elles ne seront pas longues, ces réflexions, mon doux ami; ce n'est qu'un préliminaire, que la fleur d'un grand sujet que je me suis distrait à méditer sur la politique. Heureux si ces quatre mots peuvent vous donner une idée de ce que je pense véritablement là-dessus. Mes raisons vous paraîtront peut-être singulières, extravagantes autant qu'extraordinaires, impossibles : toutefois vous les saurez, puisque vous le voulez, et je ne me sens pas la force de vous refuser.

» D'abord je n'approuverai jamais dans un prince l'amour de la guerre, parce que je ne voudrais qu'un prince bon, doux, humain, qui aimât ses peuples comme ses enfans, et que celui qui voit couler le sang des hommes sans en avoir le cœur saigné, ne peut les aimer. Du reste je ne blâme pas, dans un état, des troupes exercées au maniement des armes, une garde à la solde du roi; tout cela est nécessaire à la majesté royale, à la sûreté du prince et à la tranquillité de la patrie; mais je voudrais qu'on les eût pour dire : Elles sont là, crainte de besoin et pour défendre mon royaume si l'on veut injustement l'opprimer. Comme je ne veux que l'amour de mon peuple, la prospérité de mes états à mes dépens, et non à ceux de mes voisins, et que d'ailleurs les étrangers trouveraient dans mon empire tous les agrémens possibles, et les princes qui m'entoureraient tous les services et tous les secours qu'ils mériteraient justement de moi, j'éviterais avec eux la guerre et serais toujours en paix; car je ne pourrais pas manquer d'être leurs amis. La pauvreté chez moi ne serait pas plus méprisée qu'elle ne l'était à Sparte sous Lycurgue, et je viserais à faire rentrer chacun dans l'ordre de la nature, par une égalité assez proportionnée qui ferait qu'on ne verrait pas une fortune trop inégale dans mes sujets ; aucun n'en aurait de trop considérable, parce que moi-même, ôtez ce qui me serait fourni par mon peuple, n'en voudrais pas une qui surpassât les plus ordinaires. Mais comment accorder cela? me direz-vous : les nobles voudront toujours rester tels, être au-dessus des autres, et conserver les droits et les propriétés de leurs pères? Je m'attendais à ces allégations, et j'y répondrai en disant que la conduite que je tiendrais remédierait à tout, et sans changer les états, les conditions, rendrait chacun content. Comme j'ai dit qu'on ne verrait pas de grandes fortunes chez moi, l'on n'y trouverait pas non plus une excessive pauvreté. La misère, fléau du peuple, en serait entièrement bannie. Le même principe qui ferait que j'éviterais une trop grande inégalité entre les fortunes, ferait aussi que je saurais éviter la trop grande misère dont je viens de parler. Mais j'avoue qu'il me faudrait faire sur moi-même de bien grands efforts pour restreindre mes moindres passions, et j'y parviendrais par l'amour de mon peuple, le respect sincère de la divinité et les sages hommes que je choisirais pour être les appuis de ma faiblesse. Tous les arts mécaniques, comme ceux qui décèlent les grands hommes, seraient protégés par moi, et ceux qui s'y distingueraient le plus recevraient les encouragemens mérités. La même loi qui me ferait agir ainsi à l'égard de ceux-ci, m'obligerait à faire de même à l'égard de l'homme de guerre, du sage, du poëte et des grands écrivains. Ce serait le plus ou moins de talent, le plus ou moins de services qu'ils auraient rendus à leur patrie, qui déterminerait la considération que je devrais avoir pour eux. Ce ne serait donc jamais la fortune : aussi la compterais-je toujours pour rien, et c'est peut-être cette raison qui me rendrait si facile, sans imposer aucune loi, aucun réglement, d'éviter que l'on trouvât dans mon état une trop grande inégalité dans les fortunes et pas un mendiant. Je protége-

rais l'agriculture, les gens de la campagne, et
tellement que, sans que je l'ordonnasse, on
ne verrait pour ainsi dire pas un pouce de
terre dans mes états qui fût en friche : chaque
famille en sentirait d'autant plus la nécessité,
qu'elles seraient très-nombreuses, parce que,
ayant toutes les aisances, les mariages seraient
fréquens, et par la même raison ma popu-
lation considérable dans les deux sexes. L'on
trouverait dans mon royaume des hommes
robustes, forts, propres à toutes les fatigues ;
car les bonnes mœurs étant soigneusement
observées des pères de famille, le seraient aussi
de leurs enfans, sans cependant que j'en ordonnasse rien. Il est vrai que je suppose la religion
partout honorée, respectée, pratiquée ; mais
elle le serait tout naturellement. J'en aurais
fait si bien sentir les avantages, par l'exemple
que j'en voudrais faire dans ma famille et que
j'en ferais chaque jour, que, sans même avoir
besoin d'en dire un mot, l'on m'imiterait dans
toutes les maisons. La confiance, la cordialité

régneraient également parmi toutes les conditions, car elles seraient toutes vertueuses et
ne croiraient voir en elles que des frères et
des amis.

» Sans que je dise rien contre les mo-
des, le trop grand luxe serait aussi banni de
mes états, parce qu'on aimerait fort la modestie, la simplicité, et que chacun, content
de la place où la nature l'aurait mis, ne voudrait pas paraître au-dessus de son état. Le
commerce y serait pourtant en grande véné-
ration ; mais comme on n'aurait jamais envie
d'aller chercher ailleurs ce qu'on pourrait
avoir chez soi, on n'irait guère chez l'étranger que pour se procurer les choses d'absolue nécessité.

» Je n'aurais pas besoin d'établir de fortes
lois contre le vol, l'inceste, l'homicide et les
crimes moins grands, parce que je suis pour
ainsi dire certain qu'il ne s'en commettrait
jamais aucun de cette nature ; cependant
le même principe qui ferait que j'aurais

des gardes auprès de moi, des soldats aguer-
ris et des hommes prêts à marcher au premier
signal, ferait aussi que j'aurais des lois très-sé-
vères établies pour celui qui pourrait s'égarer
du droit chemin et s'oublier quelquefois. Il en
serait de même pour toute autre chose. Comme
je ne prendrais possession de la couronne que
tout autant que j'en aimerais les membres et
les maîtres autant que mes propres enfans,
et que, en suivant la religion chrétienne, je
croirais suivre la meilleure et la plus sûre pour
mon bonheur et celui de toute ma famille, il
serait naturel que je désirasse ne voir d'autre religion dans mon état que celle-là. Toutefois, s'il se trouvait quelque secte opposée aux
principes et à la croyance de ma religion, je
ne lui ferais rien, si ce n'est que je cherche-
rais par la raison à lui faire voir l'avantage
qu'aura toujours la mienne sur quelqu'autre
que ce soit. Si l'on se rend, je suis content,
puisque j'ai tout mon état chrétien ; si l'on
ne se rend pas, je laisse faire chacun à sa volonté ; mais l'on ouvrira bientôt les yeux, soit

parce qu'on sera touché de ma propre conduite, soit par la fraternité, le doux commerce qu'ils apercevront dans le plus grand
nombre de ceux qui professent ma religion.
— Et s'ils ne se rendent pas encore, lui dis-je,
ni même après un long temps, que ferez-
vous? — Rien du tout, me répondit-il; vous
croyez peut-être que j'allais forcer cette secte
à suivre ma religion malgré elle; désabusez-
vous; je ne saurai jamais tenter aucun changement que par une excessive douceur, une
bonté à toute épreuve, et la grande justesse et la
grande vérité de mes raisonnemens; mais je serais bien fâché pour cela de vouloir faire naître
des querelles civiles qui pourraient entraîner
à l'effusion du sang. Si je n'ai pu, par mes bontés, par ma douceur, par mes exemples mêmes
lui faire dessiller les yeux, je la laisserai suivre
sa croyance en paix jusqu'à la fin de mon
règne, la plaignant seulement au moment de
ma mort, si je crois toujours qu'elle est dans
l'erreur; je ferais plus peut-être en ce cas, je
prierais pour elle. — Oh! homme incompa-

rable, lui dis-je encore, que ne puis-je disposer d'un état, d'un empire, ou d'une petite île seulement? Qu'avec plaisir je vous en donnerais la possession ! Quel charme de vous voir tout diriger, de jouir de votre administration, de vivre sous vos lois ! Hélas ! je n'exigerais pour tout pouvoir, pour toute reconnaissance, que la permission de m'asseoir auprès de vous, et jouir ainsi, à l'ombre de vos bienfaits, des plaisirs que vous feriez goûter à votre peuple.

» Espérant fort, comme je vous l'ai dit, reprit-il après que j'eus cessé de parler, que ceux que je suppose être d'une secte différente se rendraient bientôt, touchés par les grands exemples de douceur, d'humanité, de confiance qui se trouveraient dans mes chrétiens, si j'avais quelque roi pour voisin qui fût dans le même cas de cette secte, aussi-bien que son peuple, j'essayerais de lui en faire sentir les mêmes avantages. Et s'il se rendait, et que son peuple ne le voulût pas encore, je lui recommanderais bien de ne faire aucun abus de la grâce qu'il viendrait de recevoir, et de bien se garder, par les moindres signes, de contraindre les siens à marcher sur ses traces. Je l'inviterais seulement à chercher à les gagner par la douceur, par la force de la vérité et par le grand changement qui, je suppose, se serait opéré en lui.

» Que ce serait une belle chose, mon ami, de voir tout l'univers chrétien gouverné par des princes d'une même religion, qu'un même intérêt, un même but, qui serait celui de rendre la paix à tous les peuples, unirait! Quels changemens alors ne se feraient pas dans le monde entier! Que l'homme s'anoblirait et remonterait bientôt aux premières vertus que lui donna son Créateur! Comme il changerait! Quelle confiance, quelle bonté, quelle humanité! Quel amour n'aurait-il pas pour son frère! Plus d'égoïsme, plus de vols, plus d'incestes, plus d'assassinats, à peine même peut-être apercevrait-on des vices et des défauts parmi les hommes. Quelle cordialité ne régnerait pas entre eux ! Quel plaisir de traiter ensemble ! Comme Dieu se plaisait à répandre sur leurs têtes ses saintes bénédictions ! Je doute qu'il ne voulût pas même ajouter encore à son ouvrage en lui accordant des dons, des plaisirs et des faveurs qui nous sont inconnus. O mon ami ! ce n'est sans doute là qu'illusion ; ce ne sera jamais ; mais il m'est doux de pouvoir penser que cela n'étant peut-être pas impossible, ce serait une belle chose, un grand bonheur pour les hommes, et sans doute, on ne peut pas en rejeter la pensée, une bien grande jouissance pour celui qui nous créa, le Père éternel, l'Être des êtres !

» Voici, cher jeune homme, ce que je voulais vous communiquer. Vous voyez que c'est bien peu de chose. J'aurais sans doute beaucoup à redire sur tout cela, de grands développemens à faire ; mais c'est assez de vous avoir transmis ces idées. Peut-être qu'un jour, fructifiant dans votre imagination, elles se développeront, vous feront naître de sages réflexions et vous inspireront le désir de travailler sur quelques grands sujets qui puis-sent être utiles autant à votre prince qu'aux hommes, autant à votre patrie qu'à l'Univers entier ».

Ici, mon cher Jules, le bon colonel-pâtre se leva. Je le suppliai de vouloir bien me per-mettre de le suivre : il ne put y consentir. Je l'engageai à venir avec moi, me trouvant trop heureux d'acheter son amitié au prix de la rente qui lui serait nécessaire. Il ne put en entendre parler; il me répondait toujours par des raisonnemens, des comparaisons, et ces raisonnemens, ces comparaisons me con-fondaient par leur grande justesse, et me met-taient même hors d'état de ne pouvoir plus rien lui dire. Enfin je vis que c'était un sage accompli, un philosophe au-dessus des Socrate, des Caton, qu'on pourrait mettre à côté de nos plus grands saints, comme Chrisostôme

et le fameux Paul, et que le monde ne serait
bientôt plus rien pour lui s'il ne trouvait l'occasion de revoir promptement sa mère et sa
sœur, dont il ne pouvait se consoler de l'éloi-
gnement. Je lui demandai pourtant la permission, puisqu'il ne voulait se rendre à aucune
de mes offres, de pouvoir venir dans ce
même lieu converser encore avec lui au re-
tour de mon voyage. — Oui, me dit-il alors,
mais je crains bien.... A ces mots, des larmes
lui coulèrent des yeux, il ne put achever, et
je l'embrassai, car je sentais qu'il allait me
quitter.

Je le suivis long-temps des yeux, l'imagination pleine de ce qu'il m'avait dit, et le
cœur extrêmement serré par les pleurs que je
lui vis verser. Je jugeais, en regagnant l'auberge où N.... m'attendait pour nous aller
coucher, qu'il ne survivrait pas long-temps
à la séparation de sa mère et de sa sœur.
Hélas ! cette pensée à laquelle je négligeai de
m'arrêter, ne tarda pas à s'effectuer. Quinze

jours après, comme tu sais, aimable Jules, N.... et moi nous revînmes de notre voyage. Le sage Espagnol n'existait plus. J'appris, par les bonnes gens mêmes de la maison dont il n'était pas sorti depuis sa captivité en France, qu'il était mort une semaine avant notre rentrée à Saint-Sever. La cause, elle est simple, cher Jules ; la voici :

Un officier de Madrid, qui venait d'être fait tout récemment prisonnier, s'étant par hasard arrêté dans la maison de ses amis, et lui s'y trouvant, il ne put s'empêcher de le questionner. Sans doute que les renseignemens qu'il lui donna sur la mort de sa mère et de sa sœur furent bien précis, car l'on dit qu'il se trouva mal dès que l'officier fut sorti, et qu'il mourut trois heures après. Voici, cher Jules, tout ce que j'ai pu savoir. Les bonnes gens qui me l'apprirent pleurèrent en me le disant, et moi, j'humecte mes yeux de larmes en te le rapportant. Adieu, ad....!

C'est là où doivent tendre toutes nos actions, tous nos desseins. Vois s'il vaut la peine de s'occuper de toute autre chose que de ce qui peut être beau, utile à nos semblables, et propre à nous mériter leur estime.

FIN.